傾聽焦慮的聲音

解除超載的欲望與執著，正視自我情緒的6堂課

金石 著
謝麗玲 譯

目次

＊本書韓國版為二〇一九年度建國大學KU學術研究經費補助對象。

＊本書引用之部分人物、文獻、書籍等名稱與標題為暫譯。參考翻譯著作之頁碼、文句等以韓國出版之版本為準。

走進來

焦慮不是病

我們生活在焦慮的時代。有越來越多的人訴苦著自己有新冠憂鬱、憂鬱症、強迫症、身體型疾患（身心症）[1]等，各種和焦慮有關的心理或生理上的痛苦。雖然不能判定為精神疾病，但是因為各種原因睡不著，身體沒有異常但消化不良、頭痛、身體各處緊繃，並且服用藥物的人真的很多。在我身邊也有不少研究所學生，或是活躍的專業研究者服用精神藥物或定期接受諮商。我也曾經建議朋友接受心理諮商，他們外表看起來毫無異樣，但實際上患有恐慌症或是幽閉恐懼症。我身邊見到的這些問題，讓我想寫一本關於「焦慮」的書，因為日常生活中最常見、最廣泛的精神疾病就是「焦慮症」。所謂的焦慮症是指「持續的焦慮和痛苦，為了減輕這類焦慮所產生以及持續的適應不良狀態」，包括廣泛性焦慮症、恐慌症、畏懼症（特定場所畏懼症、特定畏懼症）、強迫症、創傷後壓力症候群等[2]。

但是，筆者不是精神科醫師或專業諮商師，所以我想談的不是焦慮症，而是「焦慮」。我從一個專業的哲學研究者觀點出發，審視至今出版的焦慮主題書籍，

---

1 身體型疾患（somatoform disorder）是特定的疾病，症狀是肢體某些部位疼痛、麻痺、嘔吐等，但通常是由心理原因所引起。佛洛伊德時期稱之為歇斯底里症，屬於轉化症的一種，心理治療比藥物治療更有效。

2 大衛．邁爾斯（David G. Myers），《麥爾斯的心理學探究》（*Exploring Psychology*），頁四五八。

思考我們不太了解的焦慮本質和多樣的面貌，並且試圖找出和焦慮共存的方法。我在書寫的過程中也體驗到了許多正面的效果。我自己也有過大大小小的強迫症症狀，偶爾也因為睡眠困擾而服用安眠藥。藉由書寫這本書，我發掘到原先所不知道的自己，從中省思人文學角度的治療方向，給予遭受類似痛苦的人們建議。從精神醫學的標準來看，本書所討論的焦慮可能難以接受，或者顯得天真，但是本書重點並非在於整理焦慮的概念，而是獲得活用焦慮而不被其吞噬的智慧。當然，這不是能輕鬆達成的任務……。

在韓國國立國語院的標準國語大辭典中，焦慮的定義是「感覺到不安與忐忑的情緒狀態」。焦慮一詞，通常讓人們聯想到不適和痛苦，但是筆者希望從更日常的角度來看待，因為我們的身邊總是存在焦慮。我也想強調，焦慮是源於我們和自我之間錯誤的關係，導致我們和欲望產生距離，因此感到痛苦。

焦慮涵蓋的症狀包括：類似「火病」[3]的壓迫感，難以擺脫的壓力，可能歸屬於恐慌症的發作和焦躁，坐立不安的心理狀態，伴隨無力和憂鬱而生的精疲力竭（burnout）症狀等。除此之外，反覆出現的夢或行為、提不起勁、記憶力衰退、專注力下降，以及對個人的身體和心理狀態造成影響的「惡夢般」情緒等也包含在內。另一方面，焦慮也扮演著重要的角色。佛洛伊德認為，焦慮是內在緊張的表現，發出危險的訊號[4]。拉岡則認為焦慮是唯一不會說謊的情動（affect）[5]。情動、情緒、經驗看起來相似，但有些許不同；如果主觀上經歷到的是情感，那麼他者從外部觀察得到並且可以察覺的就是情緒，情動則包括情感和情緒，乃至身體和潛意識的狀態[6]。

---

3 一種朝鮮民族特有的精神疾病，患者會因為過度壓抑自己的憂鬱或憤怒的情感，出現頭痛、胸悶、焦慮和失眠等生理症狀。

4 Freud, S. *Inhibitions, Symptoms and Anxiety*, p. 125.

5 Lacan, J., *Le Séminaire X, L'angoisse*, p. 92.

焦慮雖然痛苦且不愉快，卻不可避免；焦慮之於生活就像空氣一樣，所以無法從根本消除。焦慮也象徵著人類是關係性的存在，人類在生活中與自己、他者和外在世界不斷建立關係，同時相互影響。在締結關係中感受到的情感就是焦慮，因此在面對焦慮時有必要考慮焦慮的正面作用，在第三章〈焦慮與憂鬱〉、第五章〈關於治療〉章節中將討論這個議題。

我的夢境故事

為了有助於理解日常中的焦慮經驗，我首先想談談我的夢境故事。我不常有記憶深刻、強烈的夢，雖然曾經讀過並深入研究佛洛伊德《夢的解析》（*Die Traumdeutung*），但從未分析自己的夢境。我在幾年前曾參加過有關夢境分析的聚會，大約持續了兩年之久。聚會成員有許多是諮商心理師和教育專業人士，每週定期聚會一次。聚會中會有一位解夢老師（佛洛伊德精神分析師）講授關於夢的課程，每個人接著分享自己的夢境，並進行集體分析。不知道是受夢境課程的影響，還是因為當時工作上的壓力，我有一年期間都重複做同樣的夢：

> 我站在一座非常高的山峰頂上，有時候是懸崖。我一邊想著必須要下山，一邊小心翼翼地在峭壁上移動，因為有懼高症心裡非常害怕。我疑惑著自己是怎麼來到這麼高的地方，同時害怕摔落，但是路總是在中途突然堵住。想要前往下一條路，必須像動作片演員一樣奮力跳躍，我卻做不到。沒有辦法往上爬，也沒有辦法往下走，最後在膽顫心驚中醒來。

---

6 參考美國精神分析學會，《精神分析用語辭典》（*Psychoanalytic Terms and Concepts*），「情動」條目。筆者在整理概念和精神分析相關用語上，廣泛參考這本辭典和狄倫·伊凡斯（Dylan Evans）的《拉岡精神分析辭彙》（*An Introductory Dictionary of Lacanian Psychoanalysis*）。

夢中的地點或場景每次都稍有不同，但是害怕摔落、忐忑不安的情緒總是栩栩如生。我介紹了這個夢，並且接受問答式的解夢分析，在逐一解開的線索中，我發現這個夢來自於我平時不曾察覺的焦慮，以及對已故父親的罪惡感，兩者混合而生。在解夢之前，我從未這麼想過，甚至是忽略了這個夢，沒有注意到這個夢其實是潛意識所發出的訊息。在我出國留學時，原本身體健康的父親在六十三歲時突然因腦溢血而逝世，我接到緊急通知趕回韓國時，父親已是腦死狀態。看著父親躺在床上無法活動，我的心情非常複雜。身為長子，我因為學業而尚未經濟獨立，父親是我堅強的支持者和後盾，但是由於種種原因，我不曾和父親和睦地聊天，總是淡淡地相處。或許是因為我個性內向，父親也比較木訥，以及我在結婚後仍以留學為藉口接受經濟援助，內心對這樣的處境產生自責和羞愧。父親突然去世後，有將近一年的時間我經常夢到他，他總是沉默不語。我多麼希望能聽到父親的隻字片語，但夢中的他只是沉默又沉默……。

解夢老師分析，我站在高山懸崖上反映了想要克服對於父親的心理情結，以及當前的情況。這個分析觸動了我心中對於父親的各種情感和愧疚，夢的餘韻變得更強烈。這個夢清楚呈現我的焦慮，與其說是破懷性作用，更像是呈現我逐漸走向已故父親的位置，感受到雙重情感的模樣。這麼看來，父親過世後我經常想的是，如果父親還在世我就能好好盡孝道，償還身為兒子的責任，並成為他的驕傲。神奇的是，一起分析夢境之後，我就再也沒做過相同的夢了。

講述這個包含個人經歷的夢，是想說明在我的情況中，焦慮是我潛意識中對父親的罪惡感和情感，以及生前沒有和他親密交談、好好照顧他的悔恨，以及之後如何成為淨化這些感受的契機。反覆做的夢既是焦慮的症狀，也因為是一種訊息而意義重大。如果沒有藉由夢境分析而探索潛意識，就無法整理「我」和「我」的關係，那麼或許我現在還在做相同的夢。

反覆的夢必定滲透著焦慮。表面上來看，我的夢可能像懼高症或壓力，實際上，它提示了父親逝去將近十五年，但我的哀悼尚未完成。最近，我在做了另一個夢之後，在夢日記中記錄了夢的意義，自我分析的同時，也審視那些我所遺忘的自我。第五章中所討論的以個別主體為中心的治療方法即是如此，重點不在於客觀的症狀，而是審視內心、直接面對並且正面地利用焦慮，建立自我的主體性。

焦慮的社會性治療

本書共有六章，首先聚焦韓國保健福祉部在二〇一六和二〇二一年所發布的精神疾病統計資料，探討韓國人民的精神疾病現況，從而描繪出應該如何理解精神疾病的框架。《DSM》[7]中使用的「精神疾病（mental disorder）」一詞，本身雖然強調不適應或異常行為（偏差或倒錯），但是也同樣強調那些可能連本人都不清楚的主觀痛苦更為重要。當然，嚴重的心理或身體痛苦必須接受藥物治療，但是正面回應症狀，明白那些是被壓抑的心理掙扎和心聲，而不是可以診斷的具體疾病，這一點也非常重要。如同透過夢來找出被隱藏的焦慮，抱持從被壓抑的情動中審視潛意識和欲望的心態也很重要。

如果我們接受精神疾病是潛意識的聲音，就能理解症狀只是個人獨特性的表達，代表個人的主體性，那就不會固守精神疾病、精神障礙、心理異常等專業用語的診斷。例如，強迫症是代表性的焦慮症之一，反映出個性和自我中的完美主義傾向與責任感。我藉由電影《逆倫王朝》中英祖的故事為例，強調嚴格區分正常與不正常的標準為錯誤，症狀是在個人的生命歷程中形成，不可能完全消除。

在如此理解精神疾病之後，我們需要深入探討焦慮這個概念的哲學意義。哲學

7 《精神疾病診斷與統計手冊》（*Diagnostic and Statistical Manual of Mental Disorders*，簡稱ＤＳＭ），由美國精神醫學會出版，提供精神疾病診斷的標準。目前已進行五次重大修訂，每次修訂都會增加或刪除某些精神疾病，並且修改分類標準。

家，尤其是存在主義者，認為焦慮不是疾病，而是自然的情動，和人性息息相關。焦慮雖然會以憂鬱和攻擊等負面的方式呈現，但是正向的層面也很多。人類不是動物也不是神，而是介於中間的獨特存在，必然整合有限和無限這兩個極限，生活中的焦慮就像原罪。然而，焦慮也可能讓我們陷入憂鬱、挫折、攻擊性衝動等深淵，因此，理解焦慮的本質並發揮其正面性質至關重要。

個人所經歷的焦慮或各種型態的心理問題，終究都和社會結構有關，應該從社會集體生活下的心理反映來理解。支撐主體欲望的幻想崩潰後，殘酷的現實導致焦慮以極端的形式爆發。韓劇近來在世界各地頗受喜愛，可以說是透過戲劇來反映「地獄朝鮮」這個詞所隱含的社會結構壓迫和不平等，引發觀眾共鳴的結果。由於韓國社會的競爭比其他國家激烈，人們也更在意別人的視線，使得個人更容易陷入過度神經質的焦慮之中，而不是順著自己的欲望生活。簡而言之，這是一個人們不斷自我剝削並且枯竭的社會。最終，我們可以了解到，比起專注於個人的治療，努力改善社群關係和人際互動的模式更重要。

因此，與其致力於從醫學觀點以藥物或生理處方來緩解症狀，我們更需要的是能夠幫助人們尋找生命的意義、從症狀中了解自己的人文治療。筆者的目的並非強調自我實現的自我心理學或正向心理學，而是強調從精神分析學的視角，以主體態度來面對症狀和社群關係的建立。近年雖然熱潮略退，但「療癒」和「治癒」仍然是韓國人喜愛的話題，這樣的風氣結合了正向心理學，助長沒有極限的自我成長和認同，卻可能誤導人們認為所有事情都可以從個人層面解決，一切都是個人的責任。更理想的態度應該是，在生活中發現自己的欲望並且去實現，同時為了共善，努力建立和共同體欲望之間的連結，形成共生的治療方向。

那麼，如何具體實現共生的治療呢？從個人層面來說，為了治療焦慮和憂鬱，必須成為自己欲望的主人、將焦慮轉化為能量，而不是著重自尊或幸福。然而，要讓焦慮變成能量，必得哀悼客體或疏離的欲望；而進行哀悼需要社會的努力，比起強調無條件的共鳴，更重要的是在認同他者下所建立的連結。個人的幸福和痊癒唯有在健康的共同體關係中才能實現，強調社會性治癒之於焦慮的必要性是本書的特色。

① 焦慮不是疾病

精神崩潰中嗎？

過去人們以為創傷後壓力症候群（PTSD）、思覺失調症（schizophrenia）、妄想症（paranoia）、躁鬱症（manic-depressive psychosis）等用語是特殊的情況或問題，只會發生在那些特殊氣質的人身上。甚至在離現在不久的大約四十多年前，一個健康的人因為精神問題而痛苦，或者因為憂鬱症突然自殺都很罕見，有時還被認為有點浪漫。在一般人的想法中，天才型藝術家通常與生俱來憂鬱或焦慮特質，而普通人和精神疾病相距甚遠。精神疾病或精神障礙被認為若不是電影或小說裡的特例，就是心理脆弱的問題，他們被譏諷為瘋子，只要和社會隔離就可以處理。

一九七七年上映的電影《飛越杜鵑窩》（*One Flew Over the Cuckoo's Nest*）中所登場的精神病院患者，從外觀到行為都不像普通人，看起來有些缺陷或古怪。他們每天被強迫吃藥，稍有反抗就遭受殘酷的對待，甚至強制進行腦部手術。這樣的描繪強化了精神病患就是少數群體，和一般人不同、都有人格問題的偏見。

然而，精神疾病或精神障礙近來已經深入日常生活，成為任何人都可能經歷且常見的現象。經常能看到有人訴說自己因特定場所畏懼症、恐慌症、強迫症、憂鬱症等而苦，大學校園中也有不少大學生因為精神健康問題前往諮商中心，和以往大不相同。類似「火辣雞麵創傷」、「考試創傷」等和精神疾病或精神障礙有關的名詞也成為日常用語。為什麼和過去相比，注意力不足症兒童變多了？在網路上搜尋「精神疾病」或「心理諮商」，會出現無數的網站和文章。此外，也有報導指出精神疾病引發的犯罪行為、鄰里糾紛[8]，以及看似正常的人突然自殺的事件。伴隨這一趨勢，諮商和治療中心的廣告增加，學術會議中也出現了諮商案例。

近來，COVID-19疫情讓社會活動受限，自我隔離和減少聚會，待在家裡不出門的人越來越多，新聞媒體也出現了「新冠憂鬱（Corona Blue）」這個新造詞。在看不到盡頭的傳染病疫情中，有焦慮、無力和憤怒困擾的人逐漸增加。電視和網路上提供各種心理諮商，幫助解決兒童的人格或適應問題的節目大受歡迎。精神科醫師對於各種情況給予慰藉，有時也像神職人員提供解決方案。到處都有人抱怨精神崩潰，心裡極度痛苦。如此看來，解決精神疾病和心理健康問題成為政府迫切的議題。事實上，許多人因為或大或小的心理痛苦而困惱。韓國在二〇〇一年修訂《精神保健法》後，每隔五年會對全國人口進行精神障礙狀況調查並發布報告。各種精神疾病大致維持在特定比例，因心理健康問題而尋求專家諮商的比例呈現穩定增加的趨勢，但是二〇二一年的調查卻呈現稍微下降的結果。以二〇二一年保健福祉部發布的《精神健康狀況調查》報告來看，情況十分嚴重。為了方便比較，一併附上

2016 年精神疾病狀況調查		2021 精神健康狀況調查		
精神障礙終生盛行率				
所有精神障礙	25.4%	所有精神障礙	27.8%（**＋ 2.4%**）	
酒精使用障礙	12.2%	酒精使用障礙	11.6%（**－ 0.6%**）	
焦慮症	9.3%	焦慮症	9.3%	
菸草使用障礙	6.0%	菸草使用障礙	9.5%（**＋ 3.5%**）	
情緒障礙	5.3%	憂鬱症	7.7%	
思覺失調・自閉症	0.5%	（排除調查項目）		排除原因：相對標準偏差大。
藥物使用障礙	0.2%	（排除調查項目）		
精神障礙一年盛行率				
所有精神疾病	11.9%	所有精神疾病	8.5%（**－ 3.4%**）	
酒精使用障礙	3.5%	酒精使用障礙	2.6%（**－ 0.9%**）	
焦慮症	5.7%	焦慮症	3.1%（**－ 2.6%**）	
菸草使用障礙	2.5%	菸草使用障礙	2.7%（**＋ 0.2%**）	
情緒障礙	1.9%	憂鬱症	1.7%	
思覺失調・自閉症	0.2%	（排除調查項目）		排除原因：相對標準偏差大。
藥物使用障礙	—	（排除調查項目）		
年度別精神健康服務機構使用率（以精神障礙者為對象）				
16.5%		11.5%（**－ 4.9%**）		
自殺相關行動的終生發生比例				
自殺意念	15.4%	自殺意念	10.7%（**－ 4.7%**）	
自殺計畫	3.0%	自殺計畫	2.5%（**－ 0.5%**）	
自殺舉動	2.4%	自殺舉動	1.7%（**－ 0.7%**）	

※註：根據 2021 年 12 月 27 日發布的 2021 年《精神健康狀況調查》報告，2021 年的一年盛行率為 8.5%，相較於 2016 年的 11.9% 下降 3.4%，焦慮症也略微減少。有分析指出，這可能是 COVID-19 疫情擴散下，外出活動減少，導致特定畏懼症隨之減少。

※來源：保健福祉部，《精神疾病狀況調查》（2016），《精神健康狀況調查》（2021）。

保健福祉部於二〇一六年發布的《精神疾病狀況調查》結果。

如同表格數據所示，精神疾病的終生盛行率，也就是生命中至少經歷過一次精神障礙的比例，在二〇二一年高達百分之二十七．八，代表每四名成人中就有一人以上在心理健康出問題下生活。在統計數據中，憂鬱症是百分之七．七，包括強迫症和恐懼症在內的焦慮症是百分之九．三，即使考慮重複回答的情況，十人中有一人以上遭受焦慮或憂鬱之苦。根據韓國保健福祉部的統計，過去十年間，精神疾病患者的數量以年平均百分之四．二的速度穩定增加，從二〇〇九年的二〇六萬七千人，增加到二〇一九年的三一一萬六千人[9]。自殺相關的統計也很嚴重，曾經想自殺的比例雖然比二〇一六年低，但仍達百分之十．七，另有百分之二．五有自殺計畫，百分之一．七曾試圖自殺。從這些數據和報告來看，韓國充滿著疼痛和疾病。

不僅是韓國，全世界都有類似的趨勢。即使在美國，每五個人之中就有一人有某種形式的精神障礙[10]。物質文明發達的今日，因為戰爭或傳染病而死亡的風險降低，相對之下變得和平，但精神上的痛苦並未減少，反而更為日常化。為什麼會有這樣的現象呢？當然，人們過去也有「火病」這樣的心理問題，但是沒有像現代人這樣遭受著生活的痛苦，也沒有上升為社會問題。心理健康問題泛濫，究竟是統計數據所產生的錯覺，還是以前未能表達的問題，在心理健康服務普及下突然顯現，仍然是一個謎。

---

8 二〇二二年三月，江原道江陵和東海岸發生的火燒山，經查是一名六十多歲的居民認為鄰居瞧不起他，在被害妄想和不滿下縱火所致。類似案例是二〇〇三年二月十三日發生的大邱地鐵縱火案。當然，精神病患不必然是犯罪者，但近來和精神疾病有直接或間接關係的犯罪持續增加。

9 參考〈精神疾病患者，十年間增加一〇五萬人〉，《Health Korea News》，二〇二一年十月十二日。

10 參考丹尼爾・沙克特（Daniel L. Schacter）等人，《心理學概論》（*Psychology*）。

心理問題的醫療化

首先，在精神醫學和心理學的影響力增加之下，應該仔細審視日漸加深的心理問題醫療化現象。如同身體上的疾病，精神障礙和心理問題也逐漸成為治療和追蹤的對象。然而，將心理問題比照身體疾病，視之為具象的實體，並且做客觀觀察和明確指認原因的做法本身存在問題，因為兩者有本質上的不同。例如，以肺癌來說，可以根據特定症狀或狀態診斷為癌症，有明確的醫學標準，並且已確立適當的治療方法和藥物。若是感染肺癌，會感覺到疼痛、呼吸困難等症狀，透過ＣＴ（電腦斷層）或ＭＲＩ（磁振造影）檢查可以確認有問題的部位。組織檢查可以確認患部是惡性腫瘤（癌症）還是良性腫瘤；如果被診斷為肺癌，則再根據癌細胞的大小和形態，判斷是小細胞肺癌或非小細胞肺癌，以及進展到哪一期。特定的症狀成為判斷肺癌類型的指標，並且顯示與疾病的關係。肺癌和肺氣腫、肺結核等肺部疾病有明顯的差異，即使都是肺癌，仍有可以區分不同之處的醫學標準。類似癌症這樣的身體疾病，無論由誰進行診斷，都會有相似的結果，治療的醫學方法也已確立。

然而，心理和精神問題每個人感受到的程度和反應必然不一樣，很難有統一的標準來測定。舉例來說，位居情緒障礙最大宗的憂鬱症，主要的特徵是持續兩週以上心情憂鬱或提不起勁，但是每個人的程度各不相同。即使都稱之為憂鬱症，也不是只有心情憂鬱，還可能有睡眠障礙、疲勞、健忘、精神不集中等症狀。儘管如此，精神疾病一詞的普及，很大一部分是受《ＤＳＭ－５》的影響，尤其是將多種症狀整合為同一疾病，進行標準化與治療。然而，不像血糖數值超過一三〇就能診斷為糖尿病，精神疾病並沒有這種普遍適用於所有人的診斷標準，那麼針對特定症狀的分析和處方自然有所不同。更重要的是，專注於症狀會忽略造成症狀的根本衝突和心理問題，因為精神問題可能源於本人都不知道的潛意識。

因此，一律將精神障礙類型化為不正常的病理現象有其危險性。筆者在本書中批評醫學模式，主要是因為不同於身體疾病，精神疾病和精神障礙的根本原因，尤其是本書的主題——焦慮，無法透過醫學診斷或病理學方法來解決。治療或許可以消除或緩解症狀，但不見得能帶來新的生活意志或價值觀的轉變。《DSM》自一九五二年首次出版以來持續進行修訂，每一次都會刪除或增加新的疾病，並且修改分類。例如，十九世紀時不存在的憂鬱症，今天卻是人們最熟知的精神障礙。憂鬱症為何突然出現呢？正如研究精神病理學的法國哲學家喬治．康吉萊姆（Georges Canguilhem）所指出，精神的疾病是在社會和歷史中創造出來，並且不斷重新定義。甚至於現代的精神醫學，對於正常與不正常的絕對差異，內部也有批評的意見，並且趨向於協同其他領域進行治療。在現今的精神醫學時代，心理諮商自不在話下，藝術治療、文學治療、戲劇治療持續增加，哲學諮商治療或精神分析的需求也未消失，足以證明只以醫學來解釋並治療所有的心理問題有其限制。然而，即便對過度病理化的批評合理，也必須承認精神醫學的效用和扮演的角色非常重要，只是不應將精神疾病，特別是焦慮症，視為有形的疾病，並且完全以醫學來處理。我們需要的是轉換視角，聚焦在引發精神障礙的社會結構和條件，而這些對我們的內心產生什麼作用，以及造成個人的各種痛苦，進而找出克服的方向。我想稱之為精神問題的個體主觀視角。

精神障礙究竟是什麼？

根據前面提到的保健福祉部發布的統計資料，可以看到韓國人民的精神健康現況和世界趨勢類似。雖然各地的統計稍有不同，但是從全球人口的精神疾病相關研究來看，大約有百分之三十的人一生中至少會經歷一次以上的精神疾病。包括會伴隨產生幻聽和幻覺、認知能力損害的思覺失調症，以及情緒障礙或焦慮症等常見的精神疾病。然而，如前所述，這些統計本身無法反映我們生活的樣貌，或者目前的心理狀態。

精神疾病的統計或精神障礙流行病學調查，如同一般的醫學模式，都將心理問題或健康實體化為障礙（disorder）或疾病（disease）並進行統計。換句話說，這些研究以區分正常和不正常為前提，在科學治療的名目下尋找生理學和心理學上機能異常的原因，並且樂觀地認為精神問題可以藉由臨床治療來解決。從心理學用語來看，障礙指的是一組可辨識的症狀或行為，涉及主觀認定的痛苦或心理、生理上的機能低落，疾病則是可以比較清楚定義的病理狀態。然而，美國精神醫學會（APA，American Psychiatric Association）所發布的《DSM》，雖然嘗試區分障礙和疾病，實際上卻非常類似。

> 精神障礙是指源自於心理、生物或發展過程中的**功能異常**，個人在認知、情緒調節或行為有臨床顯著障礙的特徵症候群。……精神疾病的診斷應該有**臨床用途**。[11]

所謂的臨床用途是指診斷標準的客觀性、範疇和分類的適當性，以及預設醫學理論和治療的效果。這是將不正常的心理狀態或精神障礙理解為像糖尿病那樣，是生物學原因所導致的身體疾病，或是在發展、成長過程中出現了損傷或異常。損傷或異常的結果是認知能力下降、幻覺、幻聽、妄想性思維，或是過激的暴力行為、情緒爆發、社會不適應等。ＬＧ經濟研究院在二〇一〇年發布的《心理健康，現在需要社會關注》報告列出和心理健康直接相關的問題，包括自殺、暴力和成癮。這些症狀當然和精神健康或心理狀態有關，但是一律斷定為精神障礙的問題則又是另一回事，因為即使沒有特殊的精神障礙，也有無數的自殺、暴力、成癮等行為。醫學觀點的問題在於過度將精神問題病理化。精神醫學對於正常和不正常的區分，內部當然也仍有爭議，此外，《ＤＳＭ－５》考量到疾病（illness）或障礙觀點中所隱含的社會烙印等副作用，更常以症候群（syndrome）來取代。然而，從臨床角度來看，以異常（abnormality）來定義心理和精神問題是無可避免。

韓國保健福祉部所進行的精神疾病狀況相關調查，基本上是根據《ＤＳＭ》標準，建立診斷工具來確認並分類症狀，然後進行分析、調查和統計。舉例來看，憂鬱症被分類為最具有代表性的情緒障礙，《ＤＳＭ－５》中的診斷標準如下。憂鬱症診斷的關鍵在於，有五個或以上下列症狀並持續兩週。

（1）**幾乎整天且每天心情憂鬱**，可由主觀報告（如感到悲傷、空虛或無助）或由他者觀察（如看起來在哭）得知

（2）**幾乎每天且大部分時間明顯對所有活動降低興趣或愉悅感**

（3）在沒有刻意控制體重的情況下，體重明顯減輕或增加，或者幾乎每天食欲降低或增加

11　ＡＰＡ，《ＤＳＭ－５》，頁二十一，粗體為筆者所加。

（4）幾乎每天都失眠或嗜睡

（5）幾乎每天精神動作激動或遲緩（客觀上觀察得到）

（6）幾乎每天疲勞或無精打采

（7）幾乎每天自我感到無價值感，或者有過度或不恰當的罪惡感

（8）幾乎每天思考能力和專注力降低，或是猶豫不決

（9）反覆想到死亡，反覆有自殺意念而無具體計畫，或有自殺舉動，或是有具體的自殺計畫[12]

如同醫師在做出診斷之前會進行問診，接受心理諮商或精神科診療時會進行類似的訪談，然後做初步診斷。如果確定症狀不是壓力所造成的暫時性反應，而是嚴重的情況，會根據症狀的程度和持續時間而診斷為憂鬱症。憂鬱症不是日常中感受到的憂鬱感或沮喪狀態，而是難以忍受的絕望感，並且明顯持續一段時間的痛苦狀

態。如果身體症狀太嚴重，或者是持續的慢性憂鬱症狀，會建議做藥物治療。

精神障礙的醫學診斷或治療確實能夠緩解症狀，但卻傾向過度從現象學角度將問題具體化，因為要以醫學方式來客觀地呈現症狀背後的心理衝突並不容易。因此非常有必要藉由精神分析和諮商深入探討引起症狀的原因，以及和個人的生命歷程的關係，必須掌握和個人經歷有關之心理問題的獨特性。此外，不應該過於嚴格區分正常和不正常，而是將我們經歷的各種情緒反應和狀態視為人生的一部分並且接納，這樣的心態很重要。上述所提到的精神狀況，即使不會到嚴重的憂鬱症，一般人身上也會部分或間歇性地出現，並且造成痛苦或不適。佛洛伊德早就說過：「每個人都是精神病患」。

將精神問題比照身體疾病進行分類，可能會忽視個人的獨特性和社會性脈絡，

---

12 APA，《DSM－5》，頁一六九。

從而助長一種偏見，認為有精神障礙的人都不正常，必須透過治療來矯正。因此，在處理精神問題時必須警惕不能依賴醫學模式或病理觀點，應該以恢復內在的自我並建立健康的主體為目標。重度精神疾病或成癮的情況，醫學模式的診斷和醫學治療雖然絕對必要，但是不應過於一概而論。要了解精神問題的本質，必須聚焦於個人生活，視之為人生旅程的一部分，並且積極地面對症狀。精神障礙需要的是存在主義的取向和哲學的理解。

主觀痛苦的衡量

醫學模式雖然具有效果，但卻遭受各領域的批評。醫學模式將心理問題區分為正常與不正常，並且試圖以客觀的方式來證明治療的有效性。然而，消除症狀不必然代表能讓一切恢復到原狀；精神障礙也並非永恆不變，不同時代和社會經常將特定的症狀定義為疾病或偏差。「焦慮症」是典型的例子，隨著時代變遷，對焦慮的定義和認識逐漸改變並擴展，說明項目也隨之持續增加。焦慮症、焦慮和憂鬱症之間的關係也是熱烈討論的議題。即使都稱為憂鬱症，但不見得呈現持續的低落情緒，有時可能出現我們完全預想不到的意外症狀。

舉例來說，我們會怎麼看以下的類似狀況？

外出歸來後瘋狂地洗手和腳，寢具或家具稍有不整齊或髒汙，若是不整理好就會坐立不安。有客人來訪，客人坐過的地方必須不斷地消毒；如果客人隨意放置個人的物品，即使在和客人聊天時，也會一直在意。每天都必須打掃，家中所有東西必須安放在原有的位置。衛生紙或肥皂少於設定的數量，即使仍有存貨也必須補足才會安心。櫃子裡的東西必須井然有序。家裡如果不乾淨，就什麼事情都做不了。

無法使用陌生場所的廁所，極度不安的話會乾脆放棄旅行，或者隨身攜帶移動式便盆，絕對無法和其他人共用廁所。

與人有約時必須提前十分鐘到達約定場所，如果對方遲到，即使有不可避免的理由也會生氣。

上面隨意提到的情況雖然有點誇張，然而在我們的日常中確實看得到類似的情況。這些案例雖然有可能被明確地認為是精神障礙，但是其中的界限模糊，斷定為精神疾病可能過於武斷。然而，過分關注清潔和整理的觀念（整天打掃），即稍有凌亂就無法忍受的行為，不僅自己疲憊，也讓身邊的人難以忍受。那麼，當我們所愛的家人表現出這些行為時，能夠一概斷定他們是強迫症患者，並且強力勸導接受治療嗎？

看到有人被特定觀念或過度行為困擾時，我們不會判定他們不正常，但是會認為他們的心靈狀態或心理並不健康。即使不到病理學層面，我們也會認為是異常的（abnormal）狀態，這正是心理健康問題錯綜複雜之處。過度從醫學角度診斷為疾病雖然不適當，但也難以單純視為個人差異而忽視。

心理學通常以偏差、適應不良和痛苦為基準解釋心理異常[13]。偏差是指某種行為或欲望偏離社會標準，「性倒錯」和「虐待狂」是典型的例子。過度的偏差可能成為犯罪的動機，或是法律懲罰和社會制裁的對象。然而，與其將偏差本身視為惡行，更應重視歷史和特定價值判斷背景的影響；因為在某個時代或社會被視為偏差的行為，在其他時代或社會則可能不是。適應不良是指在社會關係或特定情境中的功能失調或摩擦，認定的標準雖然和偏差不同，但都會造成社會化困難的問題。最後是痛苦，即使沒有偏差或適應不良，如果個人有失眠、過度擔憂等無法承受的困擾，治療介入即有必要。

偏差或適應不良通常是以社會判斷為基準，而非個人的主觀判斷。過度使用智慧型手機或性成癮帶給個人快樂，雖然尚未被明確界定為精神障礙，但在社會上通常有負面評價。反之，個人的痛苦他人可能完全不知道，並且因此產生誤解，或是不被認真看待。但是對當事人來說，其感受到的痛苦可能比任何的身體疼痛都難熬；而且同樣的情境或刺激，每個人感受到的痛苦程度和反應都不相同。總是看起來很快樂並且帶給大眾歡笑的演藝人員，實際上可能正在承受巨大的精神痛苦，直到某一天無法承受而自殺，而人們常在事後才意識到，逝去的人承受了多大的心理痛苦、壓力和焦慮。

個人所感受到的痛苦非常重要。治療、心理分析和諮商之所以必要，主因在於能針對本人感受到的痛苦。然而，和身體疾病不同的是，精神問題通常不容易看出來，也無法被簡化為特定的症狀或指標。當身體不適時，我們會藉由血液檢查、X光、電腦斷層掃描等方式來了解身體狀況，如血壓、血液、體溫等指標。即使是無

---

13 參考韋恩．魏頓（Wayne Weiten）、瑪格莉特．勞艾德（Margaret A. Lloyd），《生活與心理學》（*Psychology Applied to Modern Life*），頁四三八。

法用語言表達不舒服的小孩，也可以透過各種症狀來確定並診斷疾病。

然而，精神障礙不一樣，很難藉由診斷儀器、檢查和指標來測量。近來，隨著腦科學和神經生物學的發展，已經逐漸揭露大腦的特定部位或結構上的問題可能會引起心理疾病，特別是科學上已經確認，神經傳遞物質的缺乏、不平衡或混亂是造成躁鬱症、創傷後壓力症候群、焦慮的原因。然而，即使找出大腦的特定部位會引起精神疾病，也無法揭露當事人當下的感受，以及他們為什麼會有那樣的反應和行為[14]。

痛苦的強度以及如何理解，當事人生理上的感受和應對方式，這些都超出醫學診療的範圍。有時候，精神障礙的原因和嚴重程度完全沒有被意識到，個人以為痛苦是理所當然，因此可以忍受。即使有生理或生物學上的原因，精神障礙或當前的心理狀態，都是在當事人所感受到的痛苦之中才會產生意義，這就是我們為什麼有必要從存在，意即從個體和主觀存在的角度來理解精神障礙。

本書目的不在於精神障礙整體的討論，而是聚焦於焦慮，這個最能直接反映個人體驗到、有關自身存在的痛苦，並深入探討。在了解痛苦的根源以及對生活的影響之後，才能夠主動應對並實現自己的人生。

---

14 參考艾倫．霍維茲（Allan Horwitz），《不安的時代》（*Anxiety: A Short History*），頁十九。

② 正常與不正常

精神障礙的誕生

我們習慣給自然或事物特定的名字，或是賦予相對的秩序，藉此而創造意義。在某種程度上，或許就是現代哲學家批評的，所謂理性的本質。白天與黑夜、白與黑、美與醜、善與惡、陽與陰、理性與感性、心靈與身體的區分，都是這種二分法的例子。在重視道德和宗教價值觀念的地區，例如阿富汗，其善與惡、正常與不正常之間的優劣區分會有更強大的影響。那麼，正常與不正常的這種二分法也適用於精神領域嗎？精神醫學中的「正常」被定義為「一個人的行為或人格特質是典型的，沒有偏離可接受的標準」。但這個標準並非固定，而是持續變化。當標準改變時，對於什麼是「正常」的社會評價和態度也會隨之改變。例如，「同性戀」長期被視為精神障礙或偏差，但是一九八〇年《DSM－3》刪除同性戀後，就被認為是正常。同樣的，我們所知的許多精神障礙，如注意力不足過動症或憂鬱症等，是因為某一天醫學論述開始將之定義為障礙，此後被合理地視為疾病。

自古以來總有人被歸類為「瘋子」、「傻瓜」、「白癡」、「著魔」，但他們並未被認為是需要隔離或矯正的對象，而是儘管被視為透明人仍在群體中生活。正如米歇爾・傅柯（Michel Foucault）在《瘋癲與文明》（*Folie et deraison*）中所分析，大約從十七～十八世紀開始，社會開始將「瘋子」和社會隔離，並收容在特定場所。當然，如同愛德華・肖特（Edward Shorter）指出，中世紀就已經有瘋子收容機構[15]，但是在現代型醫院和收容所誕生，以及學術上論證瘋狂和理智的區分，意即所謂的「大監禁時代」開始之後，才賦予治療瘋狂的精神醫學論述條件，成為監禁統治取得權威的基礎。

在今日，我們對各種精神醫學術語已經很熟悉，事實上，「精神病」、「異常心理」、「精神疾病」等術語，是十九世紀精神醫學和精神分析成為一門學問之後才開始普及。例如，「憂鬱症（depressive disorder）」這個最常見的障礙名稱之一，在佛洛伊德生活的時代並不存在，這也是有必要從歷史的觀點來看待精神障礙的原因。當代精神醫學中作為診斷工具的《DSM》系列不斷地修訂，其用途也持續在改變。

本章將批評精神醫學觀點中不可避免的正常與不正常的二分預設，同時討論為什麼必須從個別的人為核心來看待精神問題。明顯顯示認知衰退或損傷的器質性精神疾病（mental disease）確實存在，例如譫妄（delirium），但是因此一概而論，認為精神疾病是一種完整的實體，可以藉由醫學手段完全治療的觀點，將會導致各種問題。精神醫學的影響力越來越大，並且變得更複雜，將生命中因為年齡或荷爾蒙變化而引起的情緒變化或憂鬱等，那些原本很自然的精神困擾，在「診斷膨脹（diagnostic inflation）」下斷定為精神障礙，有可能讓我們看不到自己內心的問題。

指認精神障礙的術語如下。美國精神醫學協會所出版的《DSM》中使用精神障礙，世界衛生組織WHO使用精神疾病，而心理學中主要使用心理異常（abnormal mentality）。佛洛伊德所創立的精神分析，雖然各個學派略有不同，但都強調心理上的獨特性，因此不使用障礙這個詞，認為精神官能症、倒錯與精神病是人類三大普遍的人格結構。為了正確理解精神問題，必須考慮這些學科間的差異。

與其區分精神障礙、精神疾病和心理異常，我們更應該關注的是，將這些障礙或疾病視為治療對象，試圖恢復到某種正常狀態的作為。這種基於「醫學模式」的

---

15 參考愛德華・蕭特（Edward Shorter），《精神醫學的歷史》（*A History of Psychiatry*），頁二十。

取向，在預設有疾病（障礙）或異常存在之下，思考症狀和原因之間的因果關係，從科學觀點將心理問題視為處理對象。這個取向在精神醫學、公共衛生學、統計學、社會學等人文科學蓬勃發展，是深受實證主義影響的十九世紀時代的產物。例如，歷史學家西奧多·澤爾丁（Theodore Zeldin）指出：在科學的十九世紀，身為人自然會經歷的精神痛苦被轉化成疾病的原因，而現在，人們在擔心或情緒極度低落時會接受醫學診斷[16]。

心理學和精神醫學正是十九世紀的代表學科，人們將經歷的所有類型的心理現象，乃至精神問題，都從科學觀點來解釋，「精神官能症（neurosis）」這個術語在十九世紀開始正式使用。蘇格蘭醫師威廉·庫倫（William Cullen）在一七六九年為了定義引起人格問題的神經系統疾病，提出精神官能症。到了一八九三年，佛洛伊德開始以精神官能症一詞來指稱源自於幼年期的心理衝突。如同神經系統的疾病一詞的寓意，佛洛伊德最初從神經生理學觀點研究歇斯底里，後來發現這類疾病源自心靈的衝突，因此轉向心理學。然而，隨著腦科學發展的今日，又開始接受醫學模式是最科學的（？）精神障礙解釋觀點。醫學模式認為心理或心靈不是特殊的精神現象，而是大腦的活動，關於性格、能力、主體性等個人所有的事物，幾乎都可以用腦科學來解釋。迪克·斯瓦伯（Dick Swaab）在《我即我腦》（*We Are Our Brains*）一書中的觀點，充分呈現了這樣的立場。

他認為人們的思考、行為、放任，都是經由大腦而發生。大腦這個「奇妙的機器」結構，決定了我們的能力、限制和性格。由此來看，大腦就是我們，而腦科學的角色也不限於只是找出大腦疾病的原因，並且能更進一步地尋找「為什麼我們擁有這樣或那樣的特質」，基本上就是尋找自我的工作[17]。

---

16 Shorter, E., *From Paralysis to Fatigue: A History of Psychosomatic Illness in the Modern Era*, Free Press, 1993, Ch 10。此處參考前述艾倫·霍維茲（Allan Horwitz）的著作，頁一一三。

如果所有的人類行為和心理真的由大腦決定和解釋，那麼，精神疾病也是大腦的異常，治療也應該以化學、生物學和外科的介入形式進行。

17 參考馬庫斯·加布里爾（Markus Gabriel），《我非我腦》（*I Am Not a Brain*），頁四十八。

大腦地圖能解釋我們的心靈嗎？

完全揭示大腦的結構之後，就能夠克服精神障礙嗎？醫學模式基本上認為精神障礙是神經傳遞物質失調而導致腦的疾病，是大腦結構和機能的問題，並且主張以化學藥物來治療這樣的異常狀態[18]。例如，出現幻覺、幻聽、妄想症狀的思覺失調症被視為大腦中的多巴胺、血清素、麩胺酸等神經傳遞物質的分布和調節不當所引起的疾病。根據生理機制所發現的解剖學病變[19]很重要，而精神障礙的診斷則是基於各種可觀察和可描述的症狀，精神障礙的治療中也強調藥物或手術等外科介入。醫學模式基本上將人類的心靈（意識）視為在神經系統中發生的一連串訊息處理過程[20]，並且承襲了腦科學理論，認為展現神經科學解剖學功能的大腦地圖，能夠直接反映心靈的本質。

近來腦科學透過先進的功能性磁振造影（ｆＭＲＩ，functional Magnetic Resonance Imaging）將大腦對刺激的反應進行類型化，藉此繪製大腦的「深層地圖」，試圖將心靈的實體以視覺來展現。然而，大腦的解剖學地圖並不是心靈。最初從神經生理學出發的佛洛伊德，在早期研究中提到自己為何轉向心理學時曾經說：

> 心理活動和大腦功能之間的關聯，比身體任何器官密切，這已經是研究確認過的事實。大腦的每個部分都有各自的重要性，每個部分都和身體的特定部位或特定的心理活動維持特殊的關係，這個事實讓人類的知識向上提升了一個層次。然而，基於這樣的事實出發，試圖找出心理活動過程發生的地點，例如認

為表徵儲存在神經細胞中，以及興奮沿著神經細胞而移動，這麼一來所有的努力都會以慘敗告終。[21]

正如佛洛伊德所說的，將意識活動或心理現象對應到大腦的解剖學部分，並且解釋精神障礙或異常心理是因為特定部位的功能損傷、生物化學失衡或神經細胞異常，可能被批評為化約主義（reductionism）的謬誤。精神分析學家卡倫・霍奈（Karen Horney）也曾經說，認識病人應該藉由觀察和感受他們的社會關係、可評估

---

18 參考Deacon. Brett J, *The biomedical model of mental disorder: A critical analysis of its validity, utility, and effects on psychotherapy research* ,2013。

19 病原體聚集並導致組織發生病變之處。

20 參考大衛・巴斯（David Buss），《心靈的起源》（*Evolutionary Psychology*），頁五四一。

21 參考西格蒙德・佛洛伊德（Sigmund Freud），《精神分析學的基本概念》（*Jenseits des Lustprinzips*），頁一七三。

的性格或態度，而不是客觀地判斷症狀。除了認知障礙或言語障礙等非常嚴重的情況，在一般的關係中要區分正常和不正常並不容易。

當然，像電影《美麗境界》（*A Beautiful Mind*）中的男主角，數學家約翰·納許（John F. Nash）這樣的器質性思覺失調症患者真有其人。納許是諾貝爾經濟學獎得主，創立了賽局理論中的「納許均衡」概念，他在全心投入研究時罹患思覺失調症，遭受自己被監視的妄想、幻聽和幻覺折磨，並且被送往精神病院接受治療。像納許這樣需要醫學診斷和治療的重度思覺失調症確實存在，然而更重要的是，人類的精神障礙有複雜的因素，發病後的表現狀態每個人大不相同。如果僅以外在症狀為依據，過度強調生物學的因果關係，可能會誤判精神問題，因為心靈並非像電腦一般運作。

與之相關的知名案例是大衛·羅森漢恩（David Rosenhan）在一九七三年發表的「假病人實驗」。羅森漢恩是一位心理學家，他為了批評精神醫學的限制和不確實，和七名朋友進行了一項引發思考的實驗。羅森漢恩和朋友們走訪美國各地的精神病院，謊稱自己有症狀。他們宣稱腦中不斷聽到「砰！」的聲音，結果都被診斷為精神分裂症或躁鬱症而收治入院。這些所謂的正常人假扮成病人，而醫院無法區辨，導致他們平均住院十九天。羅森漢恩以《精神病房裡的正常人》（*On being sane in insane places*）為題，發表這項引人深思的實驗結果，讓精神醫學領域陷入極大的混亂和衝擊。

二〇一三年，英國心理學會的臨床心理學分會也批評精神醫學領域，指出「認為精神疾病是生物醫學因素所引起，並且可用藥物治癒是錯誤」，以及精神健康的理解和解釋必須做典範的轉移。實際上，引起精神問題的因素很多樣，包括環境、社會、人際關係等。單從生物醫學層面來定義並診斷人們的精神問題，可能會有將許多人變成病人的風險。在精神醫學內部也有人提出這樣的觀點。

艾倫·法蘭西斯（Allen Frances）的著作《救救正常人》（*Saving Normal*）清楚呈

現了精神醫學領域內部的質疑論點。法蘭西斯曾經是《DSM－5》的編輯，批評《DSM》修訂過程中所發生的「診斷膨脹」現象，將害羞、與年齡有關的健忘和恍神、兒童常見的發怒或注意力不足，以及因為失去而產生的各種悲傷或憂鬱，都歸類為必須接受藥物治療的精神疾病。

法蘭西斯認為，精神疾病增加的背景是跨國製藥公司和精神醫學界的合謀。根據他的說法，二〇一一年美國的抗精神病藥物銷售額達到一百八十億美元，其中抗憂鬱藥約為一百一十億美元，注意力不足治療藥物約七十億美元。一九八八到二〇〇八年間，抗憂鬱藥的使用量幾乎增加四倍，這類醫藥品的處方箋有百分之八十來自基層醫師[22]。

法蘭西斯主張，注意力不足、亞斯伯格症候群、成人雙相情緒障礙症原本是不存在的疾病，隨著《DSM》的修訂，這些疾病被追加新增，導致許多人得到精神障礙的診斷，病例數急劇上升。韓國也有類似的狀況，實際經歷憂鬱、焦慮、自殺衝動等心理困擾的人數持續增加，原因不只是殘酷的生存競爭，也因為將自然的現象定義為障礙，從精神醫學觀點強調治療和健康，擴大了精神障礙的定義。這個觀點認為，看待精神障礙必須更以個別的主體為核心，個人在生活經驗和環境的互動中形成主體性，因此應將症狀理解為個人本質的展現。當症狀加重時，雖然應該努力藉由治療或諮商來緩解，但前提是症狀有可能無法完全消除。

---

22 參考艾倫·法蘭西斯（Allen Frances），《救救正常人》（*Saving Normal*）。

文明中的痛苦

人類的本性不僅關乎生物學因素，還受到社會、文化等多重因素的影響，所以每個人都不一樣。區分正常與不正常，製造的問題是將疾病具體化，同時預設這樣的觀點普遍地適用於任何人。法國哲學家康吉萊姆（Georges Canguilhem）認為，疾病不是固定的實體，而是由社會和歷史建構而成，正常的概念接近平均的概念。正常不是可以客觀測量的實體概念，因此他主張即使是患病狀態也應該視為正常的一種。正常不應該定義為個人本身的內在屬性，而是在環境和個人關係中持續變化的現象，必須考量個體之間的差異。康吉萊姆認為，正常或不正常本身並不存在，而是來自於規範[23]，因此在社會環境變化之下，不正常狀況也可能被認為是正常，反之亦然。前面提過的《DSM》修訂歷史佐證了康吉萊姆的觀點，《DSM》每次修訂時都添加新的疾病。一九八〇年發表的《DSM－3》列舉兩百六十五種疾病，比《DSM－2》收錄的一百八十種約增加百分之四十七；一九八七年發表的《DSM－3－R》修訂版有兩百九十二種，一九九四年的《DSM－4》則有兩百九十七種疾病[24]。

精神上的疾病不用說，理解身體疾病同樣也需要以個別主體為中心，這種觀點

---

23 參考喬治・康吉萊姆（Georges Canguilhem），《正常與病理》（*Le normal et le pathologique*），頁一六七。

24 參考前述愛德華・蕭特（Edward Shorter）的著作，頁四九四。

的轉換非常有必要。隨著時代和文化的不同，看待精神障礙的視角可能不一樣，精神醫學和藥理學逐漸發展，也可能出現新的診斷標準，因此必須考慮定義精神障礙時的歷史脈絡和相對性。在荷馬的時代，精神病被視為是神賦予的神聖狀態，偉大的藝術家甚至被認為有憂鬱或瘋狂的氣質。從個體中心的觀點來看，精神疾病不只是症狀，應該視為個人的痛苦來理解和處理。每個人承受精神痛苦的方式和解決方法都有很大差異，因此在治療上也需要多種觀點。

接下來，我們需要從和文明的關係脈絡中來看待精神障礙。批判區分正常與不正常，並不是要否認精神障礙或痛苦的存在，也不是主張一切都具有相對性。生物學因素或大腦結構異常導致的器質性精神病確實存在，也需要運用藥物或外科手段進行治療和管理；然而，重要的是即使在所謂的正常人之中，精神痛苦也隨著社會發展而逐漸增加。在現代社會日益物質化、個人化、工業化，共同體關係瓦解之下，個人的精神痛苦也越來越大。

從某種意義上來說，這樣的現象不可避免。人類具有雙重性，不僅是社會性存在，也經由社會結構而形成人性。佛洛伊德在《文明及其不滿》（*Civilization and its Discontents*）中提到，人們在社會生活中所經歷的痛苦和荒謬，可說是為了文明的便利性所付出的代價，因為文明本身就是壓抑和控制本能。佛洛伊德的理論雖然今日看來有些過時，但是他對人類生命的洞見仍有價值。

根據佛洛伊德的說法，人類遭受三種痛苦的折磨，並且在試圖克服痛苦中發展出文明。第一種痛苦來自肉體遭受的各種刺激和緊張；肉體是脆弱的，生活中免不了因為自然的威脅和生存鬥爭而緊張，並且罹患疾病。在原始時代，每一天都為了尋找食物而和野獸搏鬥，不免產生極大的恐懼和焦慮。偶爾在欲望實現時感到滿足，但也有相應的代價，比如饑餓下吃了野生漿果或植物卻中毒致死。為了克服並掌控身體的限制，人類創造了酒精和藥物；有時為了壓抑攻擊性和性本能，將其轉化為運動或藝術，從而學會了適當控制身體的方法。

第二種痛苦來自於外界，尤其是大自然帶來的恐懼和災難。在知識有限的時代，洪水、山火和天災造成巨大的恐懼和憂慮，導致人們崇拜且敬畏大自然。將大自然擬人化為擁有毀滅性力量的神聖存在，這在許多國家的神話故事中已充分展現。隨著科學技術的發展，人類逐漸征服並控制大自然，減少了來自外界的痛苦。佛洛伊德特別指出火的發明對人類的益處和象徵意義。

來自身體和外界的痛苦，隨著人類的知識和文明發展而逐漸克服，第三種痛苦則比較難克服，那就是他者造成的痛苦。人們在生活中必得和他者建立關係，分享愛和感情，但也無法避免出現敵意和衝突。特別是在家庭、鄰居和朋友等親密關係中造成的痛苦，愛有多深傷痕就有多痛。人際關係之所以特別，是因為建立於彼此的凝視，凝視是指他者投向我們的眼光，有時會讓我們感到羞愧或困擾。人類是彼此投射「凝視（gaze）」的生物，在社會生活中將對方物化，衝突即無可避免。如此看來，人類為了控制各種痛苦而創建文明，因此享受許多便利和益處，但文明本身卻成為另一種痛苦來源。

症狀是人的獨特性

在理解精神疾病時，重要的基準不是表面上的症狀，而是個人所獨有的人格或生活。只要稍微去除正常與不正常的區分，就能看到每個人都有各自的心理痛苦，這些痛苦在生命中的某些時刻會被放大。此外，也會驚訝地發現，許多看似開朗的人其實飽受心理痛苦，甚至接近精神障礙。舉例來說，喜劇演員羅賓・威廉斯（Robin Williams），以電影《窈窕奶爸》（*Mrs. Doubtfire*）和《春風化雨》（*Dead Poets Society*）中精湛的演技而聞名，儘管他總是展現幽默和人情味，實際上卻因為失智症所引起的憂鬱症而受苦，並於二〇一四年自殺身亡。

此外，即使像強迫症這一類的精神症狀，也有必要從症狀反映出個人獨特性來進行理解和認同。在韓國為人所熟知的英祖，在電影《逆倫王朝》中被描繪為患有強迫症。英祖在電影中有聽到不中聽的話就清洗耳朵，跳越門檻絕對不踩踏的強迫性行為。從今天的觀點來看，可以視之為強迫症狀。電影中英祖的情緒起伏極大且神經質，對待子女尤其如此，思悼世子總是一副焦慮不安、畏懼父親的模樣。電影情節雖然有所誇張，但是歷史紀錄中英祖確實有類似的舉止。一七三八年（英祖十四年）一月二十一日的《承政院日記》，判中樞府事徐命均即寫下英祖平時無法控制情緒。如果統治國家的君王有情緒控制問題且變化無常，有可能會造成嚴重的問題。

那麼，英祖是精神障礙患者嗎？以《DSM-5》來看，他可能被診斷為強迫症或情緒調節障礙症。然而，如果深入症狀所掩蓋的存在訊息，例如各種個人的特質或經歷，就很難斷定英祖患有精神障礙症。精神醫學雖然曾經重視這些生活背景，卻逐漸將這些偶然的訊息當作基礎資料，並且將一切都歸結為症狀。然而，即使有可以被視為精神障礙的症狀，也不能無條件地斷定為不正常的狀態，英祖也是如此。正如歷史所證，英祖有許多的成就，他穩定王權並引領朝鮮後期的復興，為正祖時期的繁榮奠定基礎，是傑出的君王。他很長壽並且展現近乎完美的統治，可說是一位聖君。乍看之下，具有精神障礙症狀可能造成執行公務上的困難，但正如英祖的例子所示，其卻能夠出色地完成工作。重要的是，不被精神障礙症狀所支配，而是充分理解並且發揮正向的層面。

英祖有嚴重的情結和強烈的自我防衛態度。歷史學家認為英祖有三個情結，他出身低下（是做針線活的宮女之子），被懷疑毒殺異母兄長的景宗，以及在老論派支持下登上王位[25]。在這樣的情況下，即使貴為君王，他總是焦慮不安，有責任要表現完美，不得有能被指責的行為等強迫觀念。在惠慶宮洪氏所寫的自傳式回憶錄

《閒中錄》中，對英祖有如下描述：

他在言辭上非常謹慎，忌諱用任何代表「死」和「歸」的字眼。無論是前往政務會議或外出，都會換好衣服才回宮。如果在交談中聽到不吉之言，會清洗嘴巴和耳朵，並且喚人說上幾句話後才回宮。做好事或壞事時，他從不同的門進出。他所愛的人的居處，絕不允許他不喜歡的人出現。他所愛的人走的路徑，他不喜歡的人不能走。他對愛與恨的表達如此分明，幾乎無法理解。[26]

這種強迫性態度，尤其在對待子女時會表現為苛求完美[27]。思悼世子的異常行

25 參考金泰亨，《心理學者，分析正祖的心》。
26 惠慶宮洪氏，《閒中錄》，頁四十。

電影《逆倫王朝》海報（2015）

被描繪為患有強迫症的英祖

看見英祖的強迫症症狀，就將他視為「病人」是不適當的。英祖是不受這些症狀支配，反而正面發揮的代表性人物。

為，以及最後造成的悲劇，很大程度上源於英祖的強迫型人格特質導致了扭曲的父子關係。然而，儘管英祖潛意識中的自卑感和神經質，展現為變化無常或強迫行為來進行自我防衛，我們也不能僅將他視為「病人」，因為他反而正面地發揮強迫人格，忠實履行君王的職責。至於被英祖殺害的思悼世子，關於他的精神健康也有許多爭論，但在此不做討論。無論按照今日的《DSM》標準會如何評判英祖，他都是歷史上傑出的明君之一。

就像這樣，我們不應該過度從症狀來理解精神障礙，應該全面地審視個人的人格、生命史和社會之間的關係。同時也應該承認，文明生活中必然有結構性的社會

27 《閒中錄》的頁四十一中有如下內容：「立即將東宮召來，問道『吃過飯了嗎』，景慕宮回答後，便當場洗耳朵，並將洗耳水潑向他不喜愛的和協翁主處所廣窗的方向。」英祖如此對待世子的行為，難以視為正常的父親舉止。

衝突，個人不免會遭受壓力和精神痛苦。聚焦在心理的獨特性，除了能夠理解精神障礙為何發生、如何應對之外，也能幫助自己警戒，不至於被吞噬。正常與不正常的界限不明，意味著任何人都可能在生活中經歷精神問題，亦即精神障礙患者不是特別的例外，應該視之為生命的自然現象。佛洛伊德以下的話，從這一點來看值得深思。

> 每個人只有一半是正常的。正常的自我在各個方面，某種程度上都接近精神病患者的自我。從一端離開向另一個遠端靠近的程度，將成為我們模糊地稱之為「自我的轉化」的臨時尺度。[28]

不要被正常自我與不正常自我的區分所束縛，如果遭受某種痛苦，好好地理解並調適，發展出屬於自己的模式，這樣的努力更重要。特別是生活中經常遇到的憂鬱、強迫、焦慮等各種形式的壓力，與其草率地斷定為精神疾病，不如理解為生命的正常現象，不受這些影響所支配，而是妥善管理並繼續生活，我們需要的是這樣的智慧。

---

28 西格蒙德．佛洛伊德（Sigmund Freud），《有止盡與無止盡的分析》（*Die endliche und die unendliche Analyse*），頁三四四。

③ 焦慮與憂鬱

日常中的焦慮

接下來讓我們正式討論焦慮。焦慮是我們非常熟悉的經驗，也是每個人幾乎都經歷過的精神痛苦。焦慮在精神醫學的診斷準則手冊《DSM》中被命名為「焦慮症」，是當代精神醫學中被研究最多的主題，子類別擴及強迫症、恐慌症、社交焦慮症、憂鬱症等。即使不了解精神醫學，至少都聽說過焦慮症一詞。然而，焦慮相對來說是比較新的概念。在十九世紀之前所有的精神疾病都被統稱為「憂鬱（melancholia）」，對於原因的解釋也各式各樣[29]。所謂的憂鬱是廣泛且模糊的概念，包括恐懼、沮喪、自殺衝動，到劇烈的身體疼痛或妄想等精神分裂症狀。

隨著十九世紀精神醫學的正式發展，焦慮這一概念開始流行起來。焦慮既是情緒上的感受，也會觸發身體的變化，但原因並不明確，因此精神分析領域特別關注，對精神醫學也產生了重大影響。十九世紀有三位精神醫學先驅，首先，率先使用「早發性失智（dementia praecox）」一詞的埃米爾・克雷佩林（Emil Kraepelin），將之與躁鬱症區分，並且對臨床觀察進行分類，創建全新的精神診斷架構，有助於現代精神醫學的建立。其次，將「早發性失智」命名為「精神分裂症（Schizophrenia）」的尤金・布魯勒（Eugen Bleuler），主張精神分裂症不是單一疾病，而是多種疾病的集合。最後，創立精神分析學的西格蒙德・佛洛伊德，區分焦慮和神經衰弱，是對焦慮這個概念有重大貢獻的先驅。

29 參考前述艾倫・霍維茲（Allan Horwitz）的著作，頁一〇〇。

佛洛伊德一開始認為焦慮是因為性壓抑，性興奮未能適當釋放所造成的心理狀態，但後期認為焦慮是對某種危險或未來情境的警告訊號[30]。精神醫學認為焦慮對身體、情緒、精神領域都有廣泛的影響，並且強調負面的效應。精神醫學家克雷佩林指出，即使是正常人，焦慮也會同時影響心理和身體的整體狀態。焦慮下可能產生胸口壓迫感、心悸、蒼白、心跳加快、身體顫抖，有時伴隨冷汗、排便、排尿等症狀。精神醫學家的觀點和羅馬的醫學家凱爾蘇斯（Aulus Cornelius Celsus，公元前二十五年？～公元五十年？）所描述的莫名恐懼和憂鬱，有許多符合之處[31]。但是，焦慮和恐懼並不相同，也很難將壓力等同於焦慮，因為焦慮不只是對某種危險或不穩定情況的自動反應，更是人類主動的情緒反應。《ＤＳＭ》對焦慮和恐懼有如下的區分。

首先，恐懼是對實際存在或感覺到的立即威脅的情感反應，而焦慮是因預測未來的威脅所觸發。這兩種狀態雖然有威脅這個共同點，但恐懼和「戰鬥或逃跑

（fight or flight）行為」所涉及的是喚醒自律神經系統、思考立即的危險性、逃避行為等。反之，焦慮是為未來的威脅做準備、謹慎行事，或是與逃避行為連帶的過度警覺和肌肉緊張有比較大的關聯[32]。

環境或情境會造成焦慮，但個人的氣質、詮釋狀況的態度和價值觀會有更大的影響。此外，焦慮的範疇比恐懼或壓力廣泛，並且由多種因素所造成。正因如此，焦慮不應被視為可以明確地界定因果關係的疾病，而是應該放在社會脈絡中理解，

---

30 佛洛伊德在一八九四年概念形成初期給朋友弗利斯的信中提到，焦慮源自於被壓抑的性緊張，但是在一九二六年的《壓抑、症狀和焦慮》（*Hemmung, Symptom und Angst*）一書中重新定義焦慮。在這本後期作品中，他修改先前的觀點，認為是焦慮產生壓抑，並將焦慮置於精神官能症的核心。佛洛伊德被認為是十九世紀精神醫學中焦慮研究的先驅。更多關於佛洛伊德和拉岡的焦慮理論，可參考李素珍，《佛洛伊德和拉岡，焦慮的概念化與精神分析實踐含義：將焦慮轉化為行動，橫跨幻想》（二〇二一）。

31 參考前述艾倫．霍維茲（Allan Horwitz）的著作，頁五十四。

32 美國精神醫學會（APA），《DSM－5精神疾病診斷與統計手冊》，頁一九九。

並且以考量到共同體的方式來應對。焦慮症就像目前的COVID-19狀況中，在某種不確定（uncertainty）持續的情況下，為了避開危險的防衛心理和傾向[33]。然而，不確定性或危險情況比較是主觀的狀態，而非客觀的指標。焦慮是個人對於情況的心理反應，而防衛心理可能導致出現攻擊或破壞性，這一點有必要強調。此外，焦慮不一定只在特定的情境中發生，簡單來說，焦慮是複雜的，必須理解為是在環境和主體的互動中所發生的真實情動。前面批評了醫學觀點將焦慮視為病理實體，如果《DSM》所說的都是焦慮症，那麼焦慮就是日常生活中的基本情緒，可說是和人類生存本質有關的情緒，因此，關注焦慮而不是將之視為焦慮症，是領會焦慮正面性的好方法。

不是焦慮症，而是焦慮

精神醫學雖然區分焦慮、焦慮症和憂鬱症，但在臨床脈絡中沒有太大的差異。然而，從人文學強調人類的主動性和主體獨特性的立場來看，應該區分焦慮和焦慮症，因為焦慮和焦慮症並不一樣。若是根據《DSM》，最常見的心理障礙是焦慮症、物質（酒精、藥物）障礙和情緒障礙。焦慮症進一步分為社交焦慮症、恐慌障

33 參考李俊燁等，《耐受性在焦慮及憂鬱症中對不確定性的影響》，二〇一三。

礙、特定場所畏懼症、特定畏懼症、強迫症、創傷後壓力症候群和廣泛性焦慮症。焦慮症在《DSM》中的比重持續增加，在《DSM－3》（一九八〇年）是十五頁，在《DSM－4》（一九九四年）是五十一頁，《DSM－5》（二〇一三年）則占據九十九頁。「廣泛性焦慮症」這個診斷名稱最早出現在《DSM－3》中，當時如果在廣泛性焦慮和肌肉緊繃、自律神經系統功能亢進、擔心、警戒這四項症狀中，共三項以上且持續超過一個月，就被視為廣泛性焦慮症。一九九四年發行的《DSM－4》中，當以下六項症狀中至少有三項以上伴隨產生時則診斷為焦慮症，包括坐立不安、感覺緊張或心情不定，容易疲勞，注意力不集中、腦中一片空白，易怒，肌肉緊繃和睡眠困擾[34]。

《DSM》診斷的最大問題在於根據症狀將焦慮具體化，理解為一種疾病，從而阻斷了比較整體的理解途徑[35]。焦慮可以說是許多心理症狀的核心，但焦慮本身不是可觀察的對象，而且引發的症狀也很多樣。此外，焦慮很大程度上是潛意識的因素所造成，因此比起症狀，更應該關注促發並持續的心理機制。想要深入分析心理，面對面的諮商或精神分析更有效果。焦慮不只是對外在情況或對象的恐懼反應，而是在應對這些情況時所產生的複雜情緒。美國精神分析學會在《精神分析用語辭典》中將焦慮定義為「和潛意識中的危險有關」，而將恐懼定義為「有意識地認知到外在和現實危險的反應」[36]。佛洛伊德將焦慮區分為現實焦慮（realistic anxiety）和神經質焦慮（neurotic anxiety），強調了焦慮的複雜性。具體來說，對於已知危險的焦慮反應是現實焦慮，沒有特定對象、不明確的焦慮則是神經質焦慮。歷經兩年多的COVID-19大流行，讓許多人抱怨焦慮和憂鬱，但是這種反應與其說

34 參考宋正敏等，〈基層醫療中廣泛性焦慮症的診斷與治療〉，《家庭醫學會誌》，Vol. 26，二〇〇五，頁五一七～五二八。
35 朴容天，《精神分析視角的焦慮》，二〇〇五，頁十四～十七。
36 美國精神分析學會，《精神分析用語辭典》，頁一九五。

是對傳染疾病的恐懼，不如說是對未來的悲觀和無力感所引起的不安情緒，因此更接近神經質焦慮。神經質焦慮通常來自於人際關係，並且在潛意識中運作。此外，由於神經質焦慮源自心靈，而非情況，所以表面上顯現會是出乎意料的樣態。

表面顯現的症狀不是焦慮的本質，反而是由於焦慮，產生了和焦慮症定義中的症狀完全不同的防衛機制。在我大學課堂中的學生K就是一個很好的案例。

K曾經是一個非常善良、拘謹但認真的學生。即使家境困難，他總是維持好成績得到獎學金，並且擔任志工。他雖然害羞和內向，但有強烈的責任感，擔任系代表兩年的期間會主辦聚會，並且留意同學的生日和喜事。K總是很體貼，下雨天會提醒同學路上小心，晴天則祝大家有愉快的一天，細心地照顧同學。成績好又很認真，畢業後隨即到一家大型行銷公司上班，擔任不符合個性的銷售和促銷工作。

一開始他似乎適應得很好，但在銷售過程中受到很多打擊，業績也逐漸下滑，很快就產生焦慮症狀。畢業後，他偶爾會聯絡我這個恩師，也會來看我，每次我都會鼓勵他，並且建議他試著轉換到更適合自己能力的工作。然而，隨著時間過去，他終究沒有克服罪惡感和自卑，後來辭職和一名朋友一起創業。創業似乎不符合他的個性和專長，我建議他不如好好準備，尋找其他工作，但是他急於經濟獨立，早日幫助家裡改善經濟的念頭驅使他前進。最終，我們原先維持的聯繫中斷了，而我也忙於自己的生活。後來聽說K創業失敗，和朋友的合夥關係破裂，從此開始疏遠人群，待在家裡像隱士一樣地生活。

後來，他整天沉迷於網路社群和YouTube，逐漸形成偏激的觀點，乃至大學同學開始迴避他。特別是每當他有自認為正確的觀念時，就會寄相關的文章和影片給朋友，強迫他們接受那些觀點。這不是健康的討論或資訊交流，而是個人的執著和信念所驅使的強迫性追求。據說一名關心K的朋友曾經委婉建議他去看精神科，K因此認為自己被視為精神病患者而與他斷絕關係。

回想K原本的性情和舉止，很難想像他後來的神經質模樣。K失去了自尊，開始迴避人際關係，長期以來沒有意識到的焦慮心理導致他排斥別人，並且陷入偏執性的執著。如果K能夠適應職場生活，像學生時期一樣得到別人的認可，履行自己的角色，即使他感到焦慮，也不會放逐自己，或者執著於強迫朋友接受他的偏激信念。這個案例也顯示了焦慮的另一面，即防衛機制。當人們感到害怕、羞恥或焦慮時，就會創造各種防衛機制來應對。防衛機制是為了保護自我而欺騙自己或轉移注意力的心理作用。睡眠困擾、身體疼痛、憂鬱和攻擊行為，都是為了避免心理衝突或焦慮的防衛行為。當我們所處的情況，對於自尊或信念造成威脅或疏離時，焦慮就會成為示警的訊號。試圖逃避這種訊號可能導致攻擊行為或偏激的受害意識，如果斷定為人格障礙或精神疾病，就可能看不到根本的原因。

焦慮雖然是負面情緒，並且看似痛苦，卻是讓我們反思當前狀況的訊號，也是個人存在的純粹心聲。因此掩飾焦慮、判定為焦慮症，並且絕對要從焦慮中脫身的方式具有危險性。焦慮既是日常中的現象，如果沒有好好地應對，更可能是無法脫身的深淵。焦慮本身不是問題，忽視或誤解焦慮，從而被焦慮所控制才是。我們應該接受焦慮是日常的情緒，給予正面的昇華。憂鬱也是同樣道理。

焦慮與憂鬱

在討論焦慮的正面性之前，我想簡要地討論焦慮和憂鬱。焦慮和憂鬱是正常人最常經歷的精神痛苦，兩者之間也有密切的關聯。當焦慮變成慢性問題時，可能伴隨產生憂鬱症或者發展成重度憂鬱症。韓國保健福祉部每五年會對全國民眾進行精神健康狀況調查，根據二〇二一年的調查結果，韓國人民的精神疾病終生盛行率是百分之二十七・八，代表每四個人中就有一人以上生命中至少會經歷一次精神障礙。在保健福祉部的資料中，盛行率的定義是「一生中至少會經歷一次主要精神障礙症狀的比例」。其中特別需要注意的是，焦慮症的終生盛行率是百分之九．三，憂鬱症則是百分之七．七。不同於思覺失調或酒精使用障礙大多有遺傳性和生理性原因，並且通常是特殊情況而非普遍案例，憂鬱症則是任何人都可能有的、你我耳熟能詳的精神障礙，其隱性的傷害也不少。從多個國家的統計數據來看，全世界大約有百分之六的人口有憂鬱症，而慢性障礙的比例高達百分之十七。以韓國為例，有許多的憂鬱症患者值得關注，但更嚴重的問題是十幾和二十幾歲人口罹患憂鬱症逐漸增加的現象。憂鬱症對社會的負擔大過於癌症，造成的社會經濟成本超過四兆韓元，甚至因為憂鬱症而自殺的情況也頻繁發生。

所謂的憂鬱症是什麼？根據美國精神醫學會的定義，「憂鬱症」是指「至少持續兩週的憂鬱心情，以及對大多數活動沒有興趣和樂趣，此外，食欲和體重改變、睡眠改變、精神運動激動或遲滯、疲倦、覺得沒有價值感或罪惡感、思考和專注力減退、自殺意念或企圖等，有四項以上的症狀並至少持續兩週」。精神分析學中的定義也類似，持續的悲傷、無力感、罪惡感，以及伴隨產生倦怠、疲勞、失眠、性欲減退等情況，一般被定義為憂鬱症。簡而言之，當情緒、身體和意志全都提不起勁，被憂鬱的情緒支配時就是憂鬱症，是焦慮症的另一種樣貌。憂鬱症雖然是任何人都可能罹患，卻是足以導致自殺的致命傷害；好比熱帶地區的沼澤，當人們或動物被沼澤中的泥土、沙子、水草困住時，一開始可能以為沒有特別深，似乎很快就可以脫身。然而，隨著時間過去，掙扎只是讓自己陷得更深，乃至無法憑一己之力逃出。電影或紀錄片中可以看到人或動物陷入沼澤、奮力掙扎，直到被完全吞噬的恐怖場面。同樣的，憂鬱症就像某個瞬間陷入流沙[37]一樣，試著逃脫而掙扎卻陷得越深的惡性循環，直到自己失去掌控能力，被憂鬱的情緒所淹沒。

憂鬱症通常被認為是一種疾病，表現為突然感到自己不正常，對任何事都不感興趣，或者覺得無力[38]。憂鬱症的原因有很多，有可能是生物學因素，例如正腎上腺素（norepinephrine）或血清素等神經傳遞物質減少，壓力荷爾蒙調節不良；也有可能是認知上的因素，例如對世界和自我形成負面的認知基模；或者過度追逐他者的欲望，將之作為標準或目標來構建自己的人生，卻產生了挫折。還有器質性或慢性的因素，以及失業、生死離別等情況所造成。一般人認為罹患憂鬱症會陷入悲傷和無力感，但是症狀有可能以意料之外的方式表現。例如，不是悲傷和無力感，而是對他者、社會的憤怒或嫉妒等暴力情緒，原本溫和的人突然變得易怒、沒有耐性、情緒波動大，或者生活節奏被打亂無法應對，這些都應該懷疑是憂鬱症狀。

近年來，「高功能憂鬱症（high-functioning depression）」的概念讓我們對憂鬱症的理解變得更複雜。高功能憂鬱症指的是表面上看不出難受，狀態平靜，也沒有顯露負面的情緒，但內心卻經歷沉重的痛苦，經常發生在社會成就高的人身上。獲得

37 流沙是指強風或流水引起的沙土流動。

38 參考蘇．艾金森（Sue Atkinson），《憂鬱的心理學》（*Climbing Out of Depression*），頁五十六。

二〇一九年美國小姐冠軍的雀絲莉・克萊斯特（Cheslie Kryst）是一名律師，她於二〇二二年一月三十一日在紐約的公寓中自殺，震驚世人。雀絲莉是第一位榮獲美國小姐冠軍的黑人，她在北卡羅萊納州執業，免費為囚犯提供法律諮詢，也經常做社會服務，是一位成功的社會人士。她看起來那麼完美，擁有人們所羨慕的一切，沒有任何憂鬱的跡象，卻獨自承受高功能憂鬱症的折磨。

名人身為公眾人物，無論個人心情如何，在公開場合都必須扮演特定的角色，加上個人的私生活未能受到適當保護，因為職業特性而遭受各種關注、嫉妒和仇恨，有很多罹患高功能憂鬱症這種不會顯露憂鬱或焦慮的情況。然而，私底下有心理疾病的普通人，意料之外地也很多。更嚴重的是，本人深陷於憂鬱或焦慮卻沒有意識到徵兆，直到事態急劇惡化的狀況。因此，不要以為只有特別的人才會有精神疾病，要知道這有可能會發生在任何人身上。

這種憂鬱的根源都是焦慮，焦慮可能以憂鬱症或強迫症的形式展現。然而，焦慮並非只是導致憂鬱或強迫等負面的狀態，也有可能導向提供新的刺激、增加生產力等正面的方向。為了發揮這些正面性，我們需要深入理解焦慮的本質和原因。要做到這一點，必須在比較日常的脈絡中分析焦慮，如同提煉黃金一般，從各種混合的情緒中提取出焦慮的正面性。

焦慮的正面性

儘管焦慮有負向的層面，我們也應該給予肯定，因為焦慮是與生俱來的情感，引導我們去實現新的可能性。置身在「此時、此刻、此地」，那些意志所無法左右的事帶來孤獨和痛苦，加上人是朝向死亡前進的存在，因此會感到焦慮。動物的生活方式和欲望已定，不會偏離自然的秩序，雖然會因為生存受威脅而害怕，但不會感受到人類所經歷的焦慮。反之，人類是特殊的存在體，可以定義並創造自己的生活方式和存在的本質，哲學中稱這樣的本質為「存在（existence）」。人類是自由的存在者（existant），能夠整合被賦予的可能性來創造未來，所以會感到焦慮。存在主義哲學家索倫・奧貝・齊克果（Søren Aabye Kierkegaard）曾經這麼說：

> 自我不是單純的關係，而是自我和自性的關係。人是有限和無限的綜合、暫存的和永恆的綜合、自由與必然的綜合，簡言之是一種綜合。綜合是兩者之間的關係，從這個角度來看，所謂的人還不是自我。[39]

人類的本質和命運不是命中注定，而是透過綜合來完成。藉由綜合的過程，人類和自己也和他者建立關係。矛盾的是，這樣的雙重性帶給人類絕望、恐懼和焦慮，因為這種雙重性與人內在矛盾共存的動物性和靈性的本質有關。

---

39 Sören Kierkegaard, *The Sickness Unto Death*, p13.

人類既有滿足享樂、性欲等動物性本能，同時又夢想著成為截然不同、類似於天使或神的存在。在這種矛盾的情況下，嘗試綜合這兩種可能性時，可能同時產生希望和恐懼。自己生命的本質未被預先決定，必須自己來創造，因此會感到焦慮。必須獨自承受面對未來的可能性，是人類孤獨的宿命。

在這樣的意義上，焦慮既是成熟的媒介，也是人類身為存在者所具有的獨特性表徵。而存在者意味著身為個別主體，任何事物都無法減弱尋找自我的任務。「做自己」或「實現獨特性」很重要，當人們在不知不覺中被世俗世界同化，失去自己的本質時，焦慮就會發出警訊。馬丁．海德格（Martin Heidegger）說，當我們獨特的存在遭受對象化或物化時，感受到的焦慮即是危險的訊號。人類身為社會性的存在，很容易陷入對象化或物化，因為人生在世很容易過被動的生活，不加批判地追隨他者的生活以及社會所創造的標準或傳統。從嬰兒到青少年的成長過程中，從親近的家人、朋友到社會生活中仰慕的模範，我們受到多少人的影響，並且想要模仿他們？

海德格將非本真狀態的他者稱為「世人（das Man）」，並將盲目追隨世人、從屬的生活稱為「非本真的生活」。非本真的生活是疏離的生活。現代的消費社會是無止盡地刺激物質欲望，透過媒體將物化的生活加上「生活風格」之名，透過文化強加非本真。正如哲學家勒內・吉拉爾（René Girard）所說，我們藉由模仿他者而學習欲望，自然而然地學會追逐他者的欲望，就很容易失去自己的本真而變成從屬，而焦慮正是在這樣的情況下產生。

根據精神分析，特別是拉岡的理論，焦慮是我的存在受壓抑時，像吶喊般爆發的存在情動。焦慮不是發生在某一種極限的狀態，而是人類想要綜合所有可能性時出現的狀態，和齊克果所稱「自由的眩暈」一脈相承，因此焦慮可能是痛苦，也可能是救贖。所謂的選擇總是一體兩面，能夠享受選擇就是自由。試著想想看那些將工作視為天職，打拚了一輩子之後，臨近退休前突然不知道之後可以做些什麼的人。人類每一刻都面臨選擇，為這些選擇所付出的痛苦就是焦慮。如果無法逃避選擇的話，不如試著享受焦慮的痛苦吧。

④ 焦慮時代，焦慮社會

2018－2020 韓國社會焦慮原因

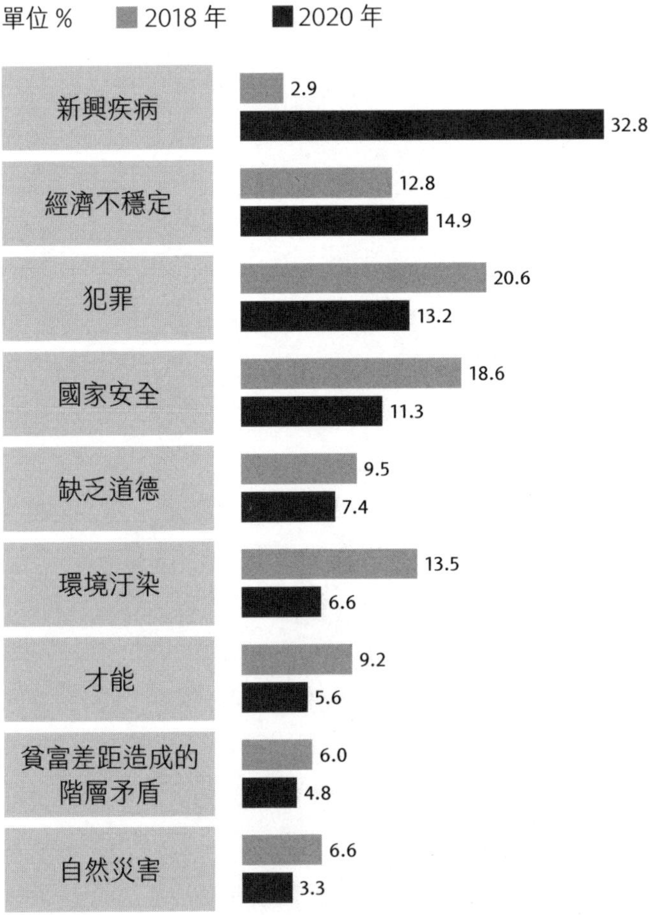

資料來源：〈2018統計廳社會調查〉、〈2020統計廳社會調查〉

現代社會的焦慮

上一頁的統計表依序排列二〇一八和二〇二〇年韓國人的焦慮原因，從統計數據來看，焦慮可說是支配社會的主要情緒之一。二〇二〇年有百分之三十二．八的受訪者認為新興疾病是主要的焦慮原因，顯示COVID-19疫情這個全球現象影響相當大。然而，韓國人感受到的焦慮也反映出國家的特殊環境。COVID-19疫情引發安全焦慮和經濟威脅是國際現象，但是犯罪、國家安全、缺乏道德、環境汙染等方面則反映韓國的特殊性。不同世代和性別也有不同的焦慮，青年一代是未來的主角，主要在生存競爭中感受到對未來的恐懼和焦慮。女性偏向跟蹤犯罪或性暴力等安全上的焦慮，老年世代則有貧困的焦慮。焦慮的時代、焦慮的韓國人，這樣的社會環境下出現了專門研究焦慮的「焦慮醫學會」，許多和焦慮有關的書籍和論文蜂湧而出。

韓國的國內生產總額排名世界第九，並且藉由流行音樂、戲劇等擴展文化的影響力。和其他先進國家相比，社會福利水準雖然較低，但是福利支出在三十八個OECD（經濟合作暨發展組織）會員國中以最快的速度持續增加，無論怎麼說，韓國已是先進國家，被認可是擁有領先世界軟實力的國家。儘管相關指標和過去相比已大幅度改善，焦慮仍是主流情緒，屬於焦慮症的各種精神障礙呈現增加趨勢。可以確信的是，藉由身體痛苦、攻擊、憂鬱等負面方式表現出來的焦慮，是來自於韓國社會的結構性問題。

為了掌握焦慮的原因和結構性問題，首先必須了解現代社會中焦慮的樣態大不相同，因為已經從原始人類感受到的基本焦慮（恐怖、害怕）逐漸轉變為神經質焦慮（neurotic anxiety）。焦慮大致上可分為現實焦慮和神經質焦慮，雖然有時會將道德焦慮單獨分出成三類，但是可一併理解為神經質焦慮。現實焦慮是針對外部的危險，不安的程度和實際危險的程度成正比。反之，神經質焦慮或道德焦慮和外部的威脅毫無關係，都是個體內在「力量的平衡」受到威脅而產生[40]。

原始人主要經歷的焦慮近似於現實焦慮。過去的焦慮主要和生存及自然環境有關，對象明確，並且知道有實際可行的克服方法。過去的焦慮與恐懼類似，但隨著文明的發展並且誕生了足以克服的方法，人們逐漸能夠駕馭。佛洛伊德在《文明及其不滿》中指出，人類為了克服自然所帶來的恐懼和痛苦，因此創建了文明。

---

40 參考傑拉德．柯瑞（Gerald Corey），《諮商與心理治療：理論與實務》（*Theory and Practice of Counseling and Psychotherapy*），頁六十七。

「火」是文明最好的象徵，「火」賦予人類許多便利，以及征服大自然的力量，讓人類得以大幅減少現實焦慮，並且成為大自然的支配者。

然而，我們難以解釋現代人面臨的焦慮從何而來，如何隱密且慢性地運作。神經質焦慮和道德焦慮對人們的支配，遠勝於過去的原始焦慮，這是世界性的現象[41]。科學技術的發展雖然大幅減少不確定性和自然的威脅，但是生活在資訊洪流中的現代人，感受到的、原因不明的焦慮反而更大。那麼，神經質焦慮擴散和結構化的原因是什麼呢？不同於恐怖（焦慮）感受主要來自大自然的原始人，現代人感受到的焦慮來自於社會，亦即人與人的關係。在人與人的關係從共同體生活轉變為個人化的競爭結構中，焦慮也隨之增加。從血緣或地緣締結的有機且原始的傳統社會關係，轉變成以利益和目的為核心的關係。如德國社會學者費迪南．托尼斯（Ferdinand Tönnies）所說，從共同體（Gemeinschaft）轉變為社會（Gesellschaft）時，人們在人際關係中感受到的疏離和焦慮同時增加。共同體（Gemeinschaft）接近於分享情感和人際關係所形成的自然群體，可以在朋友、親族、宗教等見到。社會（Gesellschaft）則是為了特定目的和利益，經由選擇性意志而聚集的集合體，公司等是典型的例子。社會越發展，社會（Gesellschaft）式關係的重要性也越大，並且跟隨產生焦慮心理，這是因為群體關係不僅沒有給予個人力量和保護，在競爭中被排擠並產生挫折的情況反而更多。

導致的結果，就是人們害怕成為社會中的落後者，壓力應對能力和精神力量變弱。技術進步和物質豐富雖然提升了物理條件，但人們仍然受焦慮折磨，並且目睹各種和過去不一樣的不確定性更為增加的現象。新近出現的疾病（傳染病）、經濟

41 丹麥哲學家阿納．葛農（Arne Grøn）在《與焦慮共處》（英譯：*The Concept of Anxiety in Søren Kierkegaard*，二〇一六）一書中提到，焦慮是二十世紀心理學，乃至文學和哲學中特別凸出的主題。他進一步將強烈的焦慮經歷本身視為現代的獨有特徵。

衰退、失業、安全和環境問題讓人們受苦。然而，更根本的問題是社會心理因素，和實際的危險相比，其造成誇大的焦慮感受，雖然看不見但給予巨大的心理痛苦，也無從得知原因。要理解現代人的生活，必須從深層和結構層面來審視焦慮，因為在消費社會、競爭社會、物質至上社會持續發展之下，焦慮的個體便不斷產生。焦慮不是刺激反應，而是內在的運作，因此每個人的樣態都不一樣，即使看似沒有任何問題，也可能飽受焦慮之苦。我們不應從個人意義的層面看待焦慮症，應該審視的是結構性的社會焦慮。

幻想崩潰中的韓國社會

焦慮的成因大致上是普遍的現象。從前面的統計中可以看到，認為新興疾病是主要焦慮因素的人數急劇增加，是因為二〇二〇年後COVID-19肆虐全球這個普遍性因素。心理學或精神醫學原本所談論的焦慮，是指在特定的情況下，覺得自己受到威脅並產生恐懼、緊張、擔心等主觀的情感[42]。這更接近精神分析中所分類的

42 參考洪永五等，《韓國社會的社會性焦慮研究》，二〇〇六，頁一三一。

現實焦慮。哲學家雷納塔・莎拉塞（Renata Salecl）在《焦慮》（*On Anxieties*）一書中指出，人們今日所經歷的焦慮，直接原因是九一一恐怖襲擊和病毒的出現[43]。然而，現實焦慮傾向於隨著時間而習慣，也容易克服，因為人類本性就是即使環境惡劣也能適應，並且生活下去的存在。

然而，現今的焦慮和恐懼或害怕是不同層面的事。現在，比起造成焦慮情況的因素，更重要的是讓焦慮心理永久化的內在結構，必須關注幻想（fantasy）的崩潰，因為社會焦慮增加的主因是保護個人幻想的保護罩正逐漸消失。與其說焦慮是對情況的直接反應，不如說更接近無法接受的心理和情緒。無論多麼駭人可怕的情況，只要能夠保持適當的距離旁觀，人們就可以樂在其中。例如，美國動作電影中經常有街頭持槍掃射致人於死，開車狂飆穿越市區然後投擲手榴彈等情節。觀眾如果看了電影，並且相信美國社會的確如此的話，焦慮和恐懼心理會極大地增加。但是我們知道電影中的暴力不是事實，而是虛構的幻想，因此能夠享受這些可怕的故事。最近在海外大受歡迎的韓劇，特別是《屍戰朝鮮》、《殭屍校園》等韓式喪屍片也是如此。人們因為病毒或生物學的感染而死亡，或者變成怪物的設定是災難電影的常見主題，只要這些只是電影中才會有的事情，即存在於幻想的保護罩之後，人們就能不受傷害地享受觀看。

如果只有電影中才有可能的事在現實中發生，幻想與現實的界限就會崩塌，九一一恐怖襲擊是典型的例子。九一一是第一起發生在美國本土，之前只在電影中看得到的攻擊事件，造成巨大的衝擊和創傷。除了第二次世界大戰末期日本攻擊太平洋珍珠港之外，美國本土從未成為敵人攻擊或恐怖分子的目標，歷史上頭一遭，在美國紐約市中心發生大規模的恐怖襲擊。現在，美國市中心發生恐怖襲擊不再只

---

43 參考雷納塔·莎拉塞（Renata Salecl），《焦慮》（*On Anxieties*），頁二十四。新冠憂鬱（Corona Blue）是典型的現實焦慮例子。

是電影情節，而是可能發生的現實。像二〇一三年上映的電影《白宮末日》（*White House Down*），描繪美國總統居住的白宮遭受恐怖攻擊或占領的電影也有很多。

韓國在二〇一三年上映的電影《流感》，描繪人們感染致死率幾乎百分之百的病毒，被隔離並且死去，電影的設定和衝突情境在當時被批評為誇張和不嚴謹。然而，隨著COVID-19在全球擴散，這部電影重新受到矚目，因為日常生活正如電影中的情節，人們開始戴著口罩生活，害怕被病毒感染。

就像這樣，重要的不是引起焦慮的情況，而是能否在我們的幻想保護之下，和情況保持距離，並且視為想像的場景泰然處之。當幻想中的情況，例如原本只存在想像中的病毒災難變成現實，直接侵入生活時，人們更難承受所帶來的衝擊。保護我們的幻想突然且殘暴地崩塌，這情形對韓國社會來說並不陌生。例如，一九九七年亞洲金融風暴導致的ＩＭＦ相關事態，韓國一夕之間從穩定增長到國家破產，淪落為負債累累的信用不良國家（？）。人們失去了似乎能永遠給予保護的工作，

電影《流感》海報（2013）

想像如何面對病毒災難的電影

2013 年上映的《流感》是以病毒為主題的虛構電影，但在 COVID-19 疫情發生之後，電影中的場面成為現實。

導致家庭破裂，自殺的人也增加，預告了各謀生路時代的開始。二〇〇三年大邱發生地鐵縱火事件，導致一百九十二人喪生；二〇一六年世越號沉沒事故，包括參加校外旅行的高中生在內共三百零四人喪生。這些戲劇性的可怕事件通常只在災難電影中才看得到，卻以這種方式反覆發生，打破了保護我們幻想的保護罩。韓國文化重視競爭和階序，也影響了幻想的加速崩潰。近來的韓國電影經常以災難為主題，和喪屍等怪物博鬥的場面也增多，都反映了韓國社會的焦慮和危殆，因為人們經常直接遭遇難以應對的情況。

根據精神分析學家雅克·拉岡（Jacques Lacan）的理論，幻想是一種防禦行為[44]，能夠隱藏主體難以承受的創傷或弱勢，發揮保護的功能。精神分析認為，夢、白日夢、錯覺、自言自語等都是一種幻想，是為了阻斷並讓主體可以承受現實中的傷害和恐懼，在意識或無意識下構築而成的保護屏障。幻想崩潰是致使當今焦慮加劇的主要原因，因此遭逢幻想突然崩潰的韓國社會環境，比其他國家更容易出現神經質焦慮。

44 參考狄倫．伊凡斯（Dylan Evans）的《拉岡精神分析辭彙》（*An Introductory Dictionary of Lacanian Psychoanalysis*）中「幻想」的說明，頁四三六～四三七。

從「地獄朝鮮」走向焦慮社會的韓國

韓國的神經質焦慮處於嚴重的狀態，現實焦慮和神經質焦慮雖然會混合發生，但心理因素較大的神經質焦慮更常見。相對於經濟和社會指標達到先進國家水準的其他國家，我們可以發現韓國人覺得不幸、想自殺等主觀的焦慮情感更嚴重。

神經質焦慮不是來自明確的原因或對象，而是心靈的內在衝突和矛盾所造成。佛洛伊德將心靈的內在結構區分為本我（id）、自我（ego）和超我（super-ego）三大部分，指出這三個機制的對抗會產生挫折、恐懼、罪惡等無意識的情感。這些無意識情感即是「情動（affect）」，而焦慮是典型的情動。佛洛伊德的精神分析學將心靈的結構定義為相互衝突的動態模型，說明精神官能症是一般性的心理結構。本我、自我和超我構成完整的人格，不斷地競爭主導權。在這個過程中會產生各種類型的精神官能症現象，如強迫、憂鬱、攻擊和歇斯底里等。從動態心理結構模型來看，本我遵循「快樂原則（principle of pleasure）」，追求絕對的滿足，並且釋放聚積的緊張。然而，自我會考慮現實的各種限制，超我則代表社會要求而壓抑本我，因此必然產生本我、自我、超我之間的衝突和壓抑。

自我會感受到焦慮，是因為超我的道德形式要求，某種程度上又被本我強烈的欲望所吸引並同情。一般是從無法控制本我的衝動，擔心受到懲罰來分析神經質焦慮[45]，但是更準確的說法應該是，神經質焦慮源於自我的無意識欲望。根據佛洛伊德的說法，自我源於本我，自我的特性是在無意識中同情本我並協助，而不是控制和壓抑本我。與其說神經質焦慮是因為超我擔心可能受到懲罰，比較是自我同情本我，因此對於超我產生了罪惡感或與之相關的複雜心理。因此，要準確地了解神經質焦慮的原因，必須找出本我如何助長自我的欲望，以及超我同時產生了什麼罪惡感。超我就像良心，是人格中抑制和懲罰的部分，同時代表了自我所追求的所有社會理想，例如財富、榮譽和權力等。

如同教育和就業情況所顯示，韓國是一個競爭激烈的社會，在優越文化支配下，和其他國家相比，過度在意別人並且不斷做比較。在這種情況下，即使生活中的物質和環境條件改善，和他者做比較、自我剝削直到精疲力竭的心理結構仍然會持續下去。在OECD會員國之中，韓國持續高自殺率、低生活滿意度，以及精神疾病和精神障礙增加，可以說是這個事實的指標。簡單來說，韓國社會強加社會理想、引發罪惡感的超我，比其他先進國家更強烈。

「地獄朝鮮」一詞曾經流行一時，這個詞據說最早出現在二〇一〇年一月網路論壇DC Inside的歷史討論版[46]，網友在韓國「接近地獄般完全沒有希望的社會」

意義下，主張是「地獄朝鮮」，後來不僅成為日常用語，甚至也曾經出現在國會殿堂。描繪地獄朝鮮的電影、戲劇和書籍也接連出現。地獄朝鮮一般被理解為「生活條件或環境非常惡劣，幸福沒有保障的社會」。

如今「地獄朝鮮」這個詞雖然不那麼常見，但社會的固有問題和內在矛盾導致生活困難依然是社會共識。近來的《魷魚遊戲》和《殭屍校園》等連續劇在世界受到矚目，受歡迎的原因有一部分是誠實且鮮明地描繪傳染病爆發下的社會問題。喪屍片或生存遊戲故事中，人們在極端情況下變成敵人，為了生存必須相互欺騙並消滅對方，對於焦慮相當有啟發意義。

---

45 金春京，《諮商學辭典》中「神經質焦慮」項目，神經質焦慮的定義是：「自我無法妥善控制並調節本我中被壓抑的欲望或衝動，特別是性衝動或攻擊衝動，擔心因此做出受懲罰的行為」。

46 參考維基百科「地獄朝鮮」條目。

韓國社會過於盛行市場邏輯中崇尚競爭、看重第一名與重視生產力，以及在新自由主義的價值觀之下，將個人的獨特價值簡化為可比較的物質性指標，從而將生活方式標準化。《魷魚遊戲》和《殭屍校園》等戲劇呈現韓國社會的實況，喚醒全世界人民的焦慮並問題化，因此引發了共鳴。憂鬱症的增加和高自殺率，是這種情況下無可避免的社會病理表現。這不是韓國人特有的精神病理，而是反映出韓國的焦慮。

義大利的馬克思主義思想家和媒體人法蘭克・貝拉迪（Franco Bifo Berardi）在《英雄：大屠殺、自殺與現代人精神困境》（*Heroes: Mass Murder and Suicide*）一書中，曾經分析韓國的自殺風氣（即關於焦慮）。他認為韓國的自殺風氣可說是從現代化經驗開始的。不過在兩三代之前，韓國仍頻繁經歷極度貧窮和飢餓，卻在兩三代內就達到媲美西方先進國家的財富和消費水準。這樣的戲劇性發展下，伴隨的是日常生活的貧瘠、超加速（hyper-acceleration）、生命中的極端個人化，以及無法掌握的勞動市場中以競爭為名的代價。他同時指出，焦慮情緒正在年輕人之間擴散[47]。在競爭中失敗的個人認為自己是失敗者，容易陷入自我虐待。

將社會變化和排除視為理所當然的競爭日常化，以及個人主義的深化，共同創造了各謀生路的文化，使個人失去心理支持，遭受焦慮之苦。韓國不僅是競爭社會，也是相對其他國家來說，新自由主義價值和生活方式更快速滲透的消費社會。消費社會中過度吹捧欲望，散播一種扭曲的信念，亦即個人的個性和幸福只能透過物質來創造與確認。

在韓國，比起尋找屬於自己獨特的幸福，人們更致力於追隨社會所設定的標準，按照社會的標準來發展自己的個性和才華，試圖讓幸福肉眼可見。在這樣的社

---

47 參考法蘭克・貝拉迪（Franco Bifo Berardi），《英雄：大屠殺、自殺與現代人精神困境》（*Heroes: Mass Murder and Suicide*），頁二三八～二三九。

會環境中，焦慮必然成為慢性問題。艾倫．狄波頓（Alain de Botton）在《我愛身分地位》（*Status Anxiety*）一書中指出，人們總是焦慮不安是因為「自己在世界中的位置」，害怕失去自己的存在感，害怕落後他人。試著藉由他者眼中的位置來確認自己的存在感，並不是追求自己獨特的價值，而是按照消費社會的邏輯，將市場中的交換價值絕對化，並且用來衡量無論是量或質的所有事物。儘管和過去相比，絕對和實際的貧窮減少了，但是來自於自己處於貧窮狀態的貧窮感和恐懼卻持續增加[48]。市場中不斷有新商品問世和競爭，因此被絕對化的是商品被賦予的象徵價值，而不是商品的獨特性。在一個視市場秩序為理所當然的社會中，人際關係也被納入商品流通秩序，很自然地以價值做排序，從而使個人的存在像物品一樣被商品化並且容易變質。

讓個人耗盡的社會

社會焦慮將導致個人的崩潰。近年來，「燃燒殆盡症候群（burnout syndrome）」一詞，人們已經耳熟能詳，實際經歷燃盡症狀的人也不少。燃燒殆盡症候群是指曾經熱情投入工作的人，開始感到極度的身體和心理疲憊，變得了無生氣，還有無力、煩躁、頭痛、憂鬱等精神能量喪失的症狀，從而懷疑人生。燃燒殆盡通常發生

48 參考艾倫·狄波頓（Alain de Botton），《我愛身分地位》（*Status Anxiety*），頁五十五。

在沒有特殊精神疾病的人身上，可以說是韓國這種焦慮社會的典型症狀。直接導致燃燒殆盡的原因很難確認，即使知道原因也不容易擺脫。一個社會即使表面上看似繁榮並有活力，生活其中的人們實際上可能疲憊不堪，而燃燒殆盡正可說是焦慮社會的表徵。

燃燒殆盡代表自我剝削的崩潰，那個曾經理所當然地接受消費社會所強加的虛假成就意識形態的自我。就業平台Job Korea和打工平台albamon，在二〇二〇年十一月十日至十六日期間，對一千七百八十八名求職者進行問卷調查，結果顯示百分之九十二．八的求職者因就業準備而焦躁，其中有百分之三十二．八有嚴重的焦躁甚至達到壓迫的程度。求職者重視的履歷包括工作經驗、語言成績、實務相關的資格證照等。然而，即使積累了這些履歷也無法確保能順利就業，只能在就業壓力和焦慮驅使下，為了有助於求職而努力，哪怕只是在履歷中增加一行字。這種「自我提升」的過程，在就業後也無限反覆。

對國、高中學生來說，讀大學是人生唯一的目標，去補習班、聽線上課程，全身心投入準備考試。進入大學後，與其說享受大學生活，更多是在就業焦慮之下，埋首於學業成績、語言和職業資格證、校外活動等，多方面積累履歷。退休後也無法享受安穩的生活，為了第二、第三場人生而奮鬥，在韓國甚至出現「臨時契約老人」，簡稱「臨契老」的說法。老人的高自殺率和低生活滿意度，和這樣的現實狀況有密切的關係。總之，韓國是一個讓個體逐漸消耗殆盡的社會。近來的性別衝突、世代衝突、宗教衝突等持續增加，也可以說與這樣的氛圍有關。

韓國的「二代男」現象也和燃燒殆盡有關。二十多歲的男性對於程序公平特別敏感，並且對既定的政治和意識形態，特別是女性主義和進步主義充滿敵意。即使都是二十多歲，不同性別對社會議題經常有分歧或衝突，許多二十多歲的男性感到自己被事實上並不存在的女性優惠政策所害，並將不滿指向女性。為什麼會有這種情況呢？雖然有一些分析指出男性所感受到的剝奪感，是因為女性主義等特定的概念，或是弱勢優惠政策而引起，但這其實是焦慮社會扭曲的層面。現實中越來越難找到工作、房地產價格飆漲，確實增加年輕人對未來的恐懼，然而他們的心理狀態更關鍵。身處一個進不了頂尖大學、找不到工作就會被貼上失敗者標籤並加以責備的社會，只能感覺到自己被遺漏的人們，必然會產生究責他人的心理。此外，隨著女性的社會參與活躍，並且在大學入學考試、學業成績、公務員考試等表現優於男性，相對剝奪感和焦慮心理即表現為危機感。仇恨或者過度執著於程序公平，可以說是出自焦慮心理的防衛作用。

二代男現象可以藉由「模仿欲望（mimetic desire）」理論來說明。提出模仿欲望理論而聞名的法國人類學家勒內．吉拉爾主張，人類會觀察他者的欲望、學習欲望並且模仿欲望，並且發生衝突。他認為我們的欲望是模仿而來，彼此相似，因此當欲望交會時，就會產生對抗的結構，不是彼此影響擴散就是造成傷害。欲望就這樣引起不當行為，而激烈的不當行為會使社會陷入危機。當這樣的危機逐漸升到高點，集體暴力就會集中在一個犧牲者身上，這種現象被稱之為「代罪羔羊」。藉由對成為犧牲者的個體或群體施加暴力，這樣的私刑暴力平息後，社會重拾原本分崩離析的集體秩序[49]。

他者雖然是教導我們欲望的模範，但是當社會資源有限時就會產生競爭，引發憎恨他者並進行集體暴力。根據吉拉爾的說法，模仿欲望會引發相互的暴力，從一個人擴散到另一個人，從而導致集體衝突。人類為了解決這種危機，必得尋找犧牲者，因為在模仿下產生的暴力，只能藉由「犧牲的暴力」來解決。如所謂的二代男現象，如果能夠緩解模仿欲望所引起的衝突，那麼對於女性主義的敵意或對既得利益的不滿也能找到解決之道。憎恨和攻擊也是因欲望受挫而產生，這類負面的能量若朝向內部，會產生憂鬱和焦慮，若是變得嚴重就會對自己或他人造成破壞。在這

49　參考勒內・吉拉爾（René Girard），《我看見撒旦如閃電般降落》（*I See Satan Fall Like Lightning*）。

樣的脈絡下，「燃燒殆盡」便不只是工作過量所引起的疲勞或壓力，而是反映出在他人欲望強烈支配下的韓國社會，因為無法找到真正的自我，在盲目追求欲望的過程中產生的焦慮現象。

⑤ 關於治療

焦慮和焦慮症

焦慮有情緒、認知和生理等各種因素，會影響到我們整體的身體、心理和行為。焦慮與其說是特定的疾病，不如說是心理和身體相會之處[50]，因為焦慮無法單純視為大腦出問題所發生的疾病，並且用生物學方法治療，而是一種身體和心理同時作用的特殊經驗，也是難以客觀描述的主觀痛苦。第一和二章對既有醫學觀點提出批評，原因就是它們將焦慮具體化，並且過分關注各種症狀，而未能正確地了解焦慮的本質。精神醫學中對焦慮症的診斷是主要症狀持續六個月以上。以下是韓國焦慮醫學會在二〇〇六年對一千名韓國人進行焦慮相關症狀調查中，最常見的十種焦慮症狀。

（1）經常消化不良且腸胃不適。（百分之四十九）
（2）感到頭暈（眩暈）。（百分之四十四）
（3）偶爾會心臟悸動、心跳加速。（百分之四十一）
（4）偶爾會感到身體痠痛和麻木，感覺遲鈍。（百分之三十六）
（5）過於敏感。（百分之三十六）
（6）無法保持冷靜。（百分之三十三）
（7）覺得興奮。（百分之三十二）

50 參考前述艾倫·霍維茲（Allan Horwitz）的著作。

（8）無法放鬆休息。（百分之三十一）

（9）經常臉紅。（百分之三十一）

（10）有好像會發生嚴重壞事的擔憂。（百分之二十七）[51]

上述症狀都和焦慮有關，從醫學角度來看可以定義為需要醫療介入的焦慮症。然而，基於這些症狀做出診斷，揭露焦慮症究竟是什麼，以及消除根本原因並不如想像中那麼簡單，因為焦慮遠遠超出表面可見的症狀。我們對焦慮的定義必須比精神醫學中所講的焦慮障礙更廣泛，視為一種深層運作的心理狀態，然後才能討論治療。廣泛是指不只注意到憂鬱症、恐慌症、強迫症、社交焦慮等典型的焦慮症狀，還要注意日常生活中的各種情緒樣態，並且關注潛意識，才能正確理解和人生相關的焦慮之雙重性。焦慮有可能是病理症狀的表現，但如齊克果所說，也是顯示人類擁有雙重性和自由可能性，是一種存在的表徵。存在的表徵可說是人類離不開的本質，就像魚離開水就難以生存一樣，人們唯有在焦慮中感受痛苦，才能在與焦慮的關聯中發現存在的意義。因此，我們必須好好地了解焦慮，並且探索和欲望有關的正面力量。焦慮涵蓋的層面超乎於焦慮症。

51 權俊秀等，〈二〇〇六年韓國人的焦慮：焦慮研究結果報告〉，二〇〇六。

醫學性治療

強調焦慮的日常意義和正面的態度，並不是要否定各種形態的焦慮症，或是宣稱藥物治療沒有用，而是要說明不要將焦慮等同於焦慮症，應該聚焦了解更根本的內在狀態。利用《DSM》來自我診斷焦慮症或憂鬱症，甚至透過網路也做得到，從這一點來看，認為焦慮是典型的精神障礙、可以透過藥物處理，這樣的大眾認知正在擴散。然而，我們在談論焦慮時，比起那些觀察得到的症狀，了解焦慮是主體感受到的心情、情感和認知的綜合，接納焦慮是人生的一部分，進而轉化為能量更為重要。

精神醫學觀點中總是著重生理學層面（特別是大腦問題）的診斷和治療，例如，當恐慌症重複發作時，突發的恐慌或身體不適會伴隨而生，抗憂鬱藥或抗焦慮藥能夠幫助患者緩解難以控制的身體反應，並且平靜下來。醫學治療中的電痙攣療法（ECT，Electroconvulsive Therapy），展現了精神治療的基本原理。電痙攣療法是在藥物治療無效或不可行的情況下（如懷孕），對嚴重的憂鬱症、強迫症、精神分裂症患者，施以微弱的電流以刺激神經元，從而緩解症狀。電痙攣療法是偶然中發現的療法，臨床上觀察到以電流刺激人為造成的癲癇（抽搐發作）可以改善憂鬱症狀的現象，之後開始用於治療嚴重的憂鬱症或思覺失調症狀。一九八五年，《美國醫學會期刊》（*The Journal of the American Medical Association*）刊登了美國國家衛生院的報告[52]，指出「對於嚴重憂鬱症的短期治療來說，電痙攣療法是最有效的方法」，目前美國每年據說有十萬人接受電痙攣療法。然而，民眾對電痙攣療法仍然有負面印象，並且據稱有記憶喪失等副作用。

接下來，藥物治療是當今精神醫學中最廣泛推薦的治療方法，特別是治療和緩解妄想、錯亂和器質性憂鬱症等效果顯著。藥物治療是現代醫學和生理學的產物，一九四九年一種用於溶解尿酸而治療痛風的金屬物質鋰（lithium），注射到躁狂症（mania）患者身上後，產生緩解症狀的結果。一九五〇年代，美國Wallace研究所開發出名為「安寧片（Miltown）」的抗焦慮藥，大受歡迎，上市一年後就有百分之五的美國人服用，銷售額據說超過兩百萬美元[53]。一九七五年，著名的憂鬱症治療藥「百憂解（Prozac）」上市，百憂解藉由增加調節人類情緒的神經傳導物質血清素（serotonin），來緩解憂鬱症狀和負面情緒。隨著精神醫學的進步，以及跨國製藥公司開發的抗精神性藥物取得迅速的效果，人們現在相信藉由藥物可以擺脫憂鬱，並且獲得快樂。實際上，抗焦慮劑（antianxiety agent）確實有助於減少恐懼或焦慮的感受。單胺氧化酶抑制劑（MAOI，Monoamine Oxidase Inhibitor）、選擇性血清素回收抑制劑（SSRI，Selective Serotonin Reuptake Inhibitor），或者三環抗憂鬱劑等抗憂鬱藥物，據說都可以減少憂鬱症狀，讓人的心情變好[54]。

人們因此越來越相信精神障礙可以藉由藥物得到充分的治療。隨著藥物使用的增加，人生中自然會經歷的悲傷、憂鬱、倦怠、焦慮被視為疾病，最後被診斷為精神障礙的情況和以往相比呈現爆發性成長。《製造出來的憂鬱症》（*Shyness: How Normal Behavior Became a Sickness*）的作者克里斯多夫・連恩（Christopher Lane）批評，隨著《DSM》系列的普及，以及支持《DSM》的製藥公司規模擴大，藥物治療被以各種形式推薦，已經有過多的領域被納入精神疾病的範疇，淪落為藥物治

52 參考夏志賢，《精神醫學的誕生》。
53 參考前述艾倫・霍維茲（Allan Horwitz）的著作。
54 參考前述丹尼爾・沙克特（Daniel L. Schacter）等人的著作。

療的對象。他認為，美國精神醫學協會將日常恐懼集合在一起，宣稱是迄今被忽視的障礙因素，並將經歷這些問題的人定義為病人群體，賦予他們的痛苦新的形式。於是如此宣告成為精神醫學研究者、心理健康專業人士和製藥廠尋找全新治療法的訊號[55]。

隨著精神疾病治療藥物沒有副作用的醫學論述取得影響力，適用於所有人的藥物治療成為精神醫學治療取向的主流。這種取向試圖用藥物來簡便且快速地治療精神障礙，與精神分析從個人獨特的衝突經驗，以及從無意識壓抑中尋找原因，或是人本主義著重個人的意志和自我實現等解決方法大不相同。如今已是精神藥物學時代，世界人口中每六人就有一人服用抗精神病藥物。隨著神經生理學論述和精神醫學治療取向的擴展，個人在日常生活中自然經歷的各種情緒現象被納入精神疾病範疇，經歷這些情緒的人成為潛在的治療對象，導致過度的病理化。因為光是以出現在人生中自然會有的各種情緒現象為由，就可能被診斷為精神障礙者。為了尊重我們的生命和情緒，並且好好地生活，必須擺脫日常生活和障礙之間的嚴格劃分。

55 參考克里斯多夫·連恩（Christopher Lane），《製造出來的憂鬱症》（*Shyness: How Normal Behavior Became a Sickness*）。

醫學觀點的缺失和個體中心治療

聚焦於症狀而將精神疾病實體化，並從醫學觀點進行診斷和治療，如前所述是危險的做法。醫學觀點認為，從大腦的生理學問題中可以找出精神障礙的原因，然後進行矯正。正如美國國家心理衛生研究所的湯馬斯・英賽爾（Thomas Insel）所說，醫學將精神疾病定義為大腦的功能異常，然後就結束了[56]。然而，人類的精神問題有多種原因，呈現的樣貌有很大的個人差異，也很複雜。此外，如同哲學家批評指出，與其說焦慮是可以客觀診斷的疾病，不如說更接近人類生命和本性有關的原始情緒。存在主義哲學家海德格認為，焦慮是人類的基本情緒，精神分析學家雅克·拉岡尤其重視焦慮，認為焦慮是唯一不會欺騙我們的情動。不會欺騙我們，意指眼睛看不見但我們直接感受得到的情緒。

想利用焦慮的正面性，在往後的精神健康服務中需要人文學科的參與。即便使用藥物能緩解嚴重的症狀、解除痛苦，若是要發揮在生活中的正面能量，進一步成為掌控自我命運的主人，就需要人文學的介入。意義療法（logotherapy）是強調生命意義和目的，幫助人們認識自己、努力實現自我獨特性的哲學治療，幫助人們洞察潛意識、找出自己獨有欲望的精神分析觀點，這些都屬於人文學治療。簡言之，人文學治療可以說是以人為核心，強調主體的意志，活化生命的意義和欲望，是從症狀的正面性出發。焦慮、憂鬱、強迫、火病，每個人在生活中必然都會有或

---

56 參考保羅·維海格（Paul Verhaeghe），《我們為什麼無法成為大人》（*Autoriteit*）。

大或小的心理衝突，因為人類會思考，身處於社會關係之中就無法避免衝突，與其逃避，不如有智慧地處理，不要錯失生命的意義。維克多．法蘭克（Viktor Emil Frankl，一九〇五～一九九七）是一位傑出的精神科醫師，也是納粹猶太人集中營死裡逃生的倖存者，他以自身的經歷創立了意義療法。意義療法認為，人們是不斷地思考生命意義並且為了追尋意義而努力的存在，是否有生活意志成為精神官能症的判定標準。他認為心理治療應該解決的是對存在的不滿，而不是對性的不滿，亦即解決人們對於生活目標、存在的理由、個人具體的使命和職責的渴望[57]。

清楚了解生命意義和目標的人，即使在奧斯維辛那種絕望的情境下也能夠克服苦難，沒有的人則無法忍受。自殺雖然看似是由某種絕望的情況所觸發，其實更常在失去生活的意志和欲望時發生。找不到生活下去的理由，只能被死亡的誘惑所吸引的就是人類。無論是否認同意義療法的原理，仍值得銘記治療時應以存在的目的和意義為核心，以患者或有精神問題的人為主體，因為真正的治療不是緩解症狀，而是鼓勵並幫助個體成為自我生命的主體。

試著保持距離、將自己視為對象一般來評估在治療中也很重要。客觀地看待自己，需要相當的訓練和反思。海德格說對於人的存在沒有提問的能力，只是盲目遵循他者所設定的標準時，感受到的情緒就是焦慮。現代人大部分反覆過著慣性的生活，久而久之自我也被生活埋沒，逐漸失去獨特性。手機片刻不離手，總是盯著螢幕，一有空就看YouTube或社群媒體，生活中沒有反思和自省，過著毫無意義的生活。這麼一來就會接受社會所強加的生活方式和價值觀，並且跟隨新自由主義的生活方式，結果就是精疲力竭。在這種情況下，以強迫、憂鬱等多種形式來感受焦慮，自然無可避免。

---

57 維克多．法蘭克（Viktor Emil Frankl），《維克多．法蘭克心理的發現》（*Psychotherapie für den Alltag*）。

我們必須刻意觀察自己，並且努力和自己對話。《憂鬱的心理學》（*Climbing Out of Depression*）作者蘇．艾金森（Sue Atkinson）建議以寫日記作為治療的方法之一。後退一步來觀察那些突然浮現的想法和情緒，以全知的視角有意識地書寫，就可以審視自己的內心。精神分析所用的自由聯想法和文學治療的寫作法，都是藉由挖掘內心故事，幫助人們了解困擾自己的衝突是什麼，藉由這樣的過程直接面對並解決問題。我們的無力感和憂鬱，往往來自於無法理解或無法控制情況。比起只專注於治療而不去了解為何感到焦慮，我們更需要的是訓練自己冷靜地審視那些緊抓住我們的執念或衝突。

重要的治療原則是，將重複的厭倦或他律性強制，昇華為具有主動性的生活方式，可以稱之為日常生活的再發現。為此，努力保持良好的習慣、維持可掌控的生活節奏，也是好的方法。《藝術的習慣》（*Daily Rituals: Women at Work*）作者梅森．柯瑞（Mason Currey）指出，人們有偉大的藝術家生活自由奔放的刻板印象，事實上他們大多極度規律和勤奮，可以說比任何人都嚴格遵循習慣。對於維持健康的日常生活，並且取得創造性成果，藝術家的慣性生活很值得參考。正如吉爾・德勒茲（Gilles Deleuze）在《差異與重複》（*Différence et répétition*）一書中所強調的，重複雖然看似是再現相同的事物，但是在意義投入的瞬間就變成了創造。若是每天被動的反覆產生無力感和憂鬱，只要我成為主體，繼續生活並且反覆試圖創造，就能為生命帶來活力。舉例來說，有醫師為憂鬱症患者開了一個簡單的處方，要他每天同一時間起床並且至少外出一次。如果強迫性重複是避免焦慮的被動防禦機制，那麼，創造性重複就是創造意義和自我價值的契機。生命的能量取決於我們如何利用，既可以破壞性地作用，也可以創造性地發揮。當我們沉醉於某件事並投入能量時，就可以將能量集中，從而走出憂鬱。

精神分析治療

精神分析治療和諮商心理學相似，都著重個體的潛意識，而不是表面行為或意識。然而兩者的差異是，精神分析治療並不認為個人的本性是固定不變，而是持續衝突下的產物，強調與社會互動的動態機制。精神分析治療反對區分正常和不正常，認為精神官能症結構是文明的必然產物，因此關注集體的潛意識，這一點也和精神醫學不一樣。所謂的精神障礙是在文明中受壓抑，在日常生活中不斷藉由症狀表現出來，因此從精神分析的觀點來看，分析焦慮可以發現新的治療原理。

佛洛伊德在一九二三年出版的《自我與本我》（*Das Ich und das Es*）一書中，將心靈結構劃分為本我、自我、超我，並說明三者之間的衝突和妥協構成了人類的生活。其中，自我追隨外界所施加的現實原理，因此和本我的無限欲望與超我的道德壓力產生衝突，從而感到焦慮。佛洛伊德認為，症狀是妥協的產物。

佛洛伊德認為同一個自我要服侍三個主人，因此受到來自外在世界、本我的性驅力（libido）、嚴苛超我的三重危險，是可憐的存在。佛洛伊德提出現實焦慮、神經質焦慮、道德性焦慮，三種回應危險而生的焦慮類型，因為焦慮表達了逃避危險的心理[58]。

在這三種危險中，因為代表社會面的超我的壓力，自我在快樂和現實之間發生

58 參考西格蒙德．佛洛伊德（Sigmund Freud），《精神分析學的基本概念》（*Jenseits des Lustprinzips*）。

衝突，尤其會感受到道德焦慮。超我是良心的來源，對抗本我的本能衝動所造成的強力威脅並加以道德規範。感受到焦慮意謂著我們接受社會性要求，想要展現自己是道德的存在。自我或超我各自代表內在的現實要求和社會規範，調節本我的暴走，但有時也會同情本我。過度的道德要求使我們感到痛苦和不安，但是如果發展成適當的「自我理想（Ego Ideal）」，就能夠藉由社會與個人的和諧而發揮正面作用。這樣的觀點強調，治療應該是藉由形成良好的社會關係，相互產生正面作用，促使本性產生改變，而不是一味專注於症狀[59]。許多研究結果顯示，嬰兒期的養育所形成的依附現象，或是對社會的「基本信任（basic trust）」，對人際關係有正面的影響。然而，成年之後的正面社會經驗和信任關係，對於建構健康的自我仍然很重要。自我可以接受的理想或價值在關係中運作時，本性也會改變。

讓我們來看看二〇二二年初大受歡迎的連續劇《殭屍校園》中的一位人物。《殭屍校園》是在Netflix播出的影集，描述一所高中裡有某種神祕的病毒擴散，學生被感染後變成殭屍，接著攻擊其他人的極端狀況。劇中的班長「南拉」成績好又文靜，但總是獨自一人，沒有辦法和其他同學維持好關係。南拉在逃脫過程中被殭屍咬傷，但是同學們一直都相信她，沒有因此放棄她。南拉第一次體驗到溫暖的友誼，性格也發生了變化。她的體內雖然有殭屍病毒，和朋友的情感連結產生抑制作用，原有的人性本質壓抑了野獸本能並展現善行，這樣的描寫對於治療有重要的啟示。即使具有精神病態傾向，只要能在良好的環境中學習如何控制攻擊和衝動，就可以避免重大的犯罪發生。本性並非固定不變，能夠在社會互動中不斷變化。

再者，現今的自我變得過度膨脹，妄想的世界觀普遍擴散，我們必須正視並擺脫這樣的現實。引起妄想世界觀的「偏執狂（paranoia）」又被稱為「妄想症」，其

---

59 發展心理學者丹尼爾．基廷（Daniel P. Keating）在《比別人更焦慮的人們》（*Born Anxious*）一書中指出，社會經驗會造成表觀遺傳的變化，從而改變特定基因運作的方式。

主要症狀是過度自我誇大、嫉妒、被害意識、扭曲的信念。偏執狂的症狀都來自於自我中心過度強烈，偽宗教和迷信亦然。隨著社會焦慮增加，偽宗教和假新聞受到滋養，崇拜咒術或命運的迷信態度也廣泛擴散。理查・道金斯（Richard Dawkins）在《上帝錯覺》（*The God Delusion*）一書中批評，宗教信仰本身就是一種妄想，即便有無數的強力證據顯示其中的矛盾，信者卻仍堅持錯誤信仰，可說是一種精神障礙症狀[60]。

大部分的精神障礙，特別是焦慮症，是因為無法如實看待或者扭曲現實而發生。心理學家安東尼奧・羅德勒專門研究焦慮症和催眠治療，他認為必須承認那些無法控制的情感。他將情感比喻為調色盤，強調有必要認可調色盤上的悲傷、絕望、憤怒、焦慮和嫉妒等無法控制的情感[61]。對自己誠實，如實承認在特定狀況中感受到的情感，並且從中尋找解決問題的線索。豎耳傾聽內心的聲音、正視現實，是精神分析學者雅克・拉岡所說的「穿越幻想」。穿越幻想不是為了消除幻想，而是正面地面對幻想，不盲目地被幻想操縱。為此，我們必須有意識地懷疑自己所相信的信念、思考和價值觀，承認其中可能有誤，類似於笛卡兒所說的「懷疑的方法」。如同以懷疑的方法探索真理，穿越幻想能夠擺脫扭曲的價值觀和幻想，如實看見我們的內心與外在世界。

60 參考理查・道金斯（Richard Dawkins），《上帝錯覺》（*The God Delusion*）。

61 參考報導〈正向心理學：「無限正面」的力量？也可能是毒藥〉，韓國ＢＢＣ，二〇二一年二月十七日。

形成共同體關係的治療

意義療法、哲學治療、精神分析治療，最後都導向共同體關係。對於持續治療來說，最重要的是和他者建立正面的互動關係，創造相互給予支持力量的情感連結和分享。為此，建立好的社會制度固然重要，本質在於形成正面的關係。想要發揮共同體連結的力量，無論討厭或喜歡，都需要有智慧應對生命中所有必須建立的關係，不給彼此傷害，相互產生正面的影響。能夠只和喜歡的人在一起的話，就不會發生衝突，但是我們身處在無論如何都必須建立關係的生活之中。因此，必須學會好好應對這些關係並加以利用，這可以比喻為強化精神上的免疫力。大部分的焦慮都不是來自於焦慮情況，而是缺乏應對的力量所造成，而力量的來源正是強大的共同體團結和支持。作家暨精神科醫師茱蒂絲・赫曼（Judith Herman）在《從創傷到復原》（*Trauma and Recovery*）一書中強調，共同體關係在治療創傷這種最具代表性的精神障礙中無比重要。據她所述，緊密連結的團體歸屬具有對抗創傷和壓力的保護措施，共同體可以成為創傷經驗的解毒劑。她舉的例子是參與阿富汗戰爭的士兵在退役後陷入創傷，而不是戰爭期間的事實。

還有其他的類似例子。戰地記者塞巴斯蒂安・榮格（Sebastian Junger）在二〇〇九年跟隨美軍空降部隊進行阿富汗塔利班掃蕩行動，後來製作了紀錄片《當代啟示錄》（*Restrepo*）記錄士兵的心理狀態。他發現一個奇特的現象，直接經歷可怕戰爭的士兵們，實戰期間是精神健康的狀態，但是退役之後卻有許多軍人罹患創傷後壓力症候群。同樣特別的是，沒有直接參與實戰的派遣軍人，將近半數永久失去工作能力的現象。榮格在紀錄片中做出結論，使軍人留下創傷的不是殘酷的戰爭經歷，而是不再需要他們的社會。他們在生死攸關的戰場上，和戰友共享同袍情誼時是健康的狀態，卻在退役各自返家後爆發創傷[62]。

一般可能認為，在戰場上目睹可怕的場景，或者遭受死亡的恐懼時，最容易產生精神障礙，實際上並非如此；有許多的研究指出，軍人在作戰地區和戰友親近時，罹患精神疾病的情況較退伍之後來得少。這意謂著和同伴密切的關係，比直接的心理治療或藥物治療更有效果，也更為根本。在伊拉克戰爭中，美軍的座右銘據說是「靠近團隊」[63]。

不只是創傷，在焦慮治療中，健康且正面的互動比什麼都重要。在焦慮或精神障礙的治療中，不能只針對個體，也應該重視能夠治癒，或者有時會引發精神障礙的共同體關係。治癒的共同體不是社會制度或物質福利好的團體，而是彼此信賴和信任，持續為了健康的社會互動而努力的共同體。

62 參考報導〈「災難共同體」韓國〉，《韓民族日報》，二〇二〇年三月二日。

63 參考前述雷納塔・莎拉塞（Renata Salecl）的著作，頁六十三。

⑥ 為了健康的自我和幸福

了解焦慮並實現幸福

到目前為止，本書一直強調不要只將焦慮視為治療對象，應該視為可以發現自我的契機以及生活中的新動力，因為焦慮既不是疾病也不是情緒障礙，而是人類的基本情緒和自由的可能性。既有的治療著重症狀，藉由病人（案主）和醫師（諮商者）的合作關係，以幫助病人適應社會和日常生活為目標。反之，我所強調的是「自我治療（self-therapy）」，從哲學和精神分析重視個體的觀點中，正面地面對焦慮。自我治療的最終目的是建立「我和我」正確的關係。齊克果認為人類是唯一能夠「與自我建立關係」的存在。焦慮雖然是不確定感、似乎要被吞噬的暈眩、無力感和恐懼，但這樣的情緒卻給予我們寶貴的機會，能夠回顧被遺忘的自我。焦慮是被遺忘與疏離的存在所發出的聲音，讓自我和我這個存在連結，賦予我改變並開啟未來的能量。若是只將焦慮視為負面情緒，不僅會錯過焦慮的正面性，更會陷入焦慮症的泥淖，而非焦慮而已。焦慮是存在的表徵，反向證明人類是自由的存在，必須在生活中不斷做選擇。人的本質是「無（nothing）」，亦即沒有事情是預先決定好的，我們有無限的自由，因此同時會感到焦慮。如果只從醫學觀點來對應和控制焦慮或精神疾病，可能反而無法找回獨特的自我，因為焦慮或精神疾病症狀都是生命中的一部分，和我們的主體性有關。

從「自我治療」觀點來看待焦慮，重點會是在共同體關係中獲得力量。人們不是孤立的自我，而是建立關係的存在，因為和他者一起生活，必然會受到影響並改變本質。根據維海格的觀點，在主體性中他者和外在世界扮演了非常重要的角色。

我們試圖在他者身上找出符合的部分來模仿，同時又努力讓自己與眾不同，主體性正是這一過程的產物[64]。他者對我們內心的影響比我們所想的更深入，是構成主體性的重要部分。

對於看似和我們對立的他者，如何成為我們內在結構的一部分，如何深刻地影響我們，勒內・吉拉爾的「模仿欲望理論」、拉岡的「他者的欲望」、人類學家李維史陀（Claude Lévi-Strauss）所說的「象徵性無意識」皆給予有力的洞見。他者不只是我們的夥伴，更是我主體性的一部分。這也是本書為何一再強調在理解焦慮或精神障礙時，必須同時考慮個人和社會層面。因此，這一章將以這兩個層面為核心進行綜合討論，思考如何才能實現幸福。

個人層面的努力：主體性治療

由於第四次工業革命、人工智能、資本主義全球化造成社會結構和生活方式急劇改變，生存競爭也變得更激烈，近年來，強調幸福和自我實現的正向心理學成為主流。此外，不只針對青少年，對成人來說也是，都強調珍愛自己並賦予自我價值

64 參考保羅・維海格（Paul Verhaeghe），《我們如何變成怪物》（*What about Me?: The Struggle for Identity in a Market-Based Society*），頁二十一。

的「自尊（self-esteem）」之重要性。強調以恢復自尊來對抗憂鬱或反覆焦慮的心理學論述大受歡迎，教授自尊對於生命的影響，以及提高自尊的具體方法的書籍也成為暢銷書。

當現實難以改變，無法脫離身處的環境條件時，找出能夠給予自己安慰的力量，以及各種提高自尊的方法當然也很重要。「為自己買禮物、改掉壞習慣、了解自己的情感」等，透過這一類的方法逐漸改變生活習慣和態度，具有提高自尊並找回活力的效果。然而，生活中會遇到的焦慮、憂鬱和悲傷，往往多過於喜悅或幸福，因此需要從中找出新的動力。

試圖提高自尊或自我肯定時，必須小心陷入自戀。為了做到這一點，我們必須如實檢視現實自我和理想自我之間的差距，並且努力縮小差距。自戀源於自我的結構性本質，若是只強調正面的自愛，有可能反而增加焦慮或自卑，並且導致錯誤的世界觀。

事實上，鮑邁斯特（Baumeister）、布希曼（Bushman）、李瑞（Leary）等許多心理學家都曾大聲疾呼，和低自尊相比，沒有根據的「膨脹且不穩定的（inflated and unstable）」自尊更危險。如果一個人的自尊遠超過自己的能力，可能會陷入「自利性偏差（self service-bias）」，將所有情況都詮釋為對自己有利，看不到自己的問題。根據精神分析學的解釋，自戀若是病態般的執著，就容易出現攻擊性，因為會透過持續對他者施展權力以確認自己的優越。因此，比起任意地膨脹自尊，盡可能客觀地掌握自己更重要。

了解自己並且和自己建立關係，就是成為自己欲望的主人。根據拉岡的觀點，欲望不是貪婪，而是指向存在的純粹激情（passion）。所謂的主體性治療是擺脫疏離的欲望，找出我的欲望。強調自尊若稍有不慎就無法走向欲望之路，反而可能為了迎合社會價值，在理想化的自我之下而變質為疏離的欲望。由於人們透過觀察他者的欲望而學習欲望，所以要了解自己欲望的意義，免不了需要他者的認同。然而，我們越是依賴他者，他者的欲望就越容易對我們造成壓迫和疏離[65]。

真正的欲望是不迎合他者或社會的欲望，尋找自己獨特的存在（being），並且好好地建立關係。為此，我們必須接受我的存在不是本來的實體，而是未被完全填滿的「無（nothing）」，擁有純粹的可能性。所謂的欲望是接受存在中的空虛，以道德的態度忠實現今的這個存在，即使有可能帶來痛苦。但是這種主動的態度轉變是必要，必須成為我欲望的主體。主體在焦慮中可以找到這個可能性。

將焦慮轉化為能量

讓我們想像完全沒有焦慮的情況，一開始可能看似平靜又美好，但很快就會發現沒有任何意願和動力，生活陷入無力和倦怠。就像這樣，適度的焦慮反而能夠成

65 拉岡以《哈姆雷特》（*Hamlet*）作為受「他者的欲望」操縱的典型例子，《安蒂岡妮》（*Antigone*）作為純粹欲望的化身，因為她直到死亡那一刻都忠於自己的欲望。哈姆雷特不了解自己的欲望，在母親的欲望（愛情及榮譽）和父親的欲望（復仇）兩者衝突之中，產生精神官能症。反之，安蒂岡妮完全依照自己的欲望行事，甚至不惜死亡。

為「能量」，促使我們努力工作並審視自我。焦慮是我們生命中如影隨行的能量，既可以破壞我的存在，也可以給予生命活力。因此，我們需要的是能夠將焦慮轉化為能量並且活用的智慧。

心理學中有所謂的「激發理論（arousal theory）」，認為過度的欲求雖然會引發心理緊張和覺醒，但是這樣的覺醒反而會促使人們採取緩解緊張的行動，並且找到新的活力。證實激發理論的實驗之一是「感覺剝奪（sensory deprivation）」實驗，這個實驗讓參與者待在隔絕外界噪音和刺激的房間裡，什麼事都不必做就能領到報酬。一開始參與者蜂擁而至，但是很快就因為了無生氣而感到難受，開始退出實驗。更極端的實驗是完全阻斷視覺和聽覺，也沒有任何活動，結果參與者產生了幻覺和幻聽，或者無法忍受處於感覺被剝奪的狀態。這些實驗支持激發理論的論證，亦即緊張和刺激能給予生命活力。

攀爬高山或攀岩，有時甚至冒著生命危險進行冒險，都是因為克服焦慮情況後獲得的極高成就感。就像這樣，如果能夠活用負面情緒，就可以獲得莫大的益處。行為科學家丹尼爾．內特爾（Daniel Nettle）強調，以負面情緒為動力而努力，可以達到高成就，也就是所謂「動機的優勢（motivational advantage）」**66**。根據內特爾的說法，適當的精神官能症特質可以成為作家或藝術家的創造動力。焦慮也是如此，焦慮意謂著對當前的情況或自我狀態不滿意。滿意現狀的人不會投入新的冒險或不確定性，而是重複過慣性的生活，在這樣的生活中，沒有焦慮也沒有緊張，也不會為了尋找存在的意義而掙扎。

當我們跨出熟悉的生活，嘗試新事物時，多少會面臨焦慮這種有些麻煩的情況。提姆．洛瑪斯（Tim Lomas）所寫的《負面情緒的力量》（*The Positive Power of*

66 丹尼爾．內特爾（Daniel Nettle），《性格的誕生》（*Personality: What Makes You the Way You Are*），頁一五五。

Negative Emotions）一書，參考既有的心理學研究和案例，有趣地論述了八種負面情緒如何在生活中發揮正面的功能，包括悲傷、焦慮、憤怒、罪惡感、嫉妒、厭倦、寂寞和痛苦。根據作者的說法，焦慮有「監視者」的功能，觀察周圍的危險因素並且小心避開，同時強調多虧有焦慮，才得以超越自己的限制進行全新的挑戰。當我們離開熟悉的領域並成長時，產生的情感就是焦慮。洛瑪斯在書中不僅強調焦慮，也指出生命中會自然經歷的其他負面情緒，都會使我們暫時停下來反思生命、激發動機，從而引導到新的選擇。焦慮是在限制的狀況中給予的可能性，我們必須默默地獨自承受，那也是實現我這個獨特存在的冒險中必然會經歷的情緒。我們應該擁抱焦慮，使之成為生命的能量，豐富我們的人生。

透過哀悼（mourning）發現欲望

想要擺脫焦慮、享受日常並實現自我幸福，必須找到我的欲望。之所以會感到痛苦並且被焦慮侵蝕，是因為我們不了解自己的欲望，只知道追逐他者的欲望，渴望充滿虛假野心和理想的生活。那麼，怎麼樣才能夠和他者的欲望保持適當距離呢？精神分析學所說的「哀悼」是方法之一。哀悼是指離開我們所依附的對象或人，並且將失去安置在生活中的過程。哀悼在欲望中扮演重要的角色，因為欲望不是對於對象的貪欲，而是「存在的缺失」。這意味著欲望的本質是熱情，指向無法被任何對象所填滿的存在。然而，在消費社會中人們執迷的不是存在，而是可以誇示並證實存在的物品。正如埃里希．佛洛姆（Erich Fromm）所說，不是過著存在的生活，而是過著擁有的生活。然而，無數的擁有和物質富裕並不能實現我們的本質，因此哀悼實有必要，我們必須學習哀悼的方式。

佛洛伊德在一九一七年發表了短篇論文，其在〈哀悼與憂鬱〉（Trauer und Melancholie）文中，區分了生活中經歷的「正常悲傷」、失去，以及病態的罪惡感、無力感或精神疾病狀態而陷入的「憂鬱」。正常悲傷和憂鬱之間的判準就是哀悼的有無。如果沒有對失去的對象進行哀悼，就會被傾注於那個對象的能量所壓倒，最終無法自拔。哀悼是一種治療過程，放手我們曾經愛過的人或依附的對象，憂鬱則是由於沒有放手，導致失去自我而非失去對象，並且逐漸退化為妄想的精神病狀態。佛洛伊德指出，哀悼時雖然世界會變得貧乏和空虛，但憂鬱時卻是自我變得貧乏[67]。

當傾注能量的對象突然消失，我們因為失去而悲傷，然後逐步安置在生活中，這樣的過程就是哀悼，需要有意識的訓練，以及使之成為可能的社會。有意識地接受失去和不在、忍受痛苦，並將欲望集中在其他對象上，才能夠繼續生活。佛洛伊德所發現的哀悼的重要性，可以說是奠立了今日的焦慮治療原理。舉例來說，當我們所愛的人因為突如其來的意外而喪命，如果我們沒有充分地哀悼，就會陷入嚴重的憂鬱狀態，最終完全斷絕與外界的聯繫，被虛無和無力感壓垮，或者悲劇地結束生命。反之，有意識的哀悼過程有助於不將自我等同於失去的對象，並且能夠找到新的對象。

---

67 參考西格蒙德．佛洛伊德（Sigmund Freud），〈哀悼與憂鬱〉（Trauer und Melancholie），《精神分析學的基本概念》（*Sigmund Freud Gesammelte Werke*），韓文版尹熙基、朴贊扶譯，The Open Books，二〇二〇。

拉岡細膩地發展了佛洛伊德的這個洞察，將《哈姆雷特》（*Hamlet*）的悲劇重新詮釋為缺乏哀悼而導致的欲望悲劇。人們要正常地維持欲望並與外界建立健康的關係，就需要有目的的哀悼過程。哈姆雷特的父親突然去世，他因為無法適當地哀悼，結果既不能忠於自己的愛情，也不能為父親復仇。這不是哈姆雷特個人的無能，而是情況阻礙哈姆雷特進行哀悼。哈姆雷特深愛的母親在父王死後隨即嫁給貪婪的叔叔克勞地，克勞地責備仍在為父王之死而悲傷的哈姆雷特，要他即刻效忠新國王[68]。哈姆雷特成為精神官能症患者，逐漸無力地邁向死亡，直到歐菲莉亞去世後才意識到自己的欲望。對逝者的追悼和懷念透過儀式賦予安慰與意義，社群對失去的認可和支持等，以社會集體進行記憶和悲傷，即為社會性哀悼。唯有這種社會性哀悼存在，個人的哀悼才有可能。哀悼未能適當進行，對象就像殘骸般留存且折磨我們，造成創傷等精神障礙。

焦慮是哀悼缺失的警訊，示警我們未能成為欲望的主體，因為當欲望所需要的缺失被填補、我存在的空隙消失時，感受到的情緒就是焦慮。焦慮是幫助人們找出和他者的關係，或者我真正的欲望，並且與之建立關係的指南針。拉岡所說的欲望的倫理，就是忠於自己的欲望。了解我的欲望，並且擁有可以實現的力量時，我們的心靈也會變得健康。

---

68 克勞地在《哈姆雷特》第一幕中對哈姆雷特說：「如此哀悼逝去的父王，真是善良且值得嘉許。……但過度的哀悼反而是褻瀆神的行為，不是男子漢的態度。這是違背神的旨意，是缺乏信仰之心所引起。」哈姆雷特的母親也責備他穿著喪服沉浸在悲傷中。沒有追究先王之死並進行適當的哀悼，將哈姆雷特推向憂鬱狀態。我們的社會也是，韓國世越號悲劇發生後有人主張活著的人必須繼續生活，應該忘掉並回歸日常，但這並不能成為慰藉。社會給予支持，讓失去者能夠充分哀悼，社會也一起哀悼，才是癒合創傷最佳的方式。記住和追悼、釐清真相並解開冤屈、社會層面的儀式，才是社會哀悼的典範。

社會層面的努力：相互認可重於盲目同情

想要治癒個人的精神疾病，以個人為主體追求幸福，擺脫精神痛苦擁有圓滿的生活，環境和個人的努力一樣重要。然而，改善社會環境固然重要，認可個人的疾病是集體症狀的態度改變更為關鍵。不是人類在社會中生活，而是社會關係本身創造人類的本性。社會不是超越個體生活的堅固實體，而是透過此時此地每一個個體間具體的互動而實現。佛洛伊德在多處強調個體的心理和集體的心理並存，所謂的社會是個人關係的反映。他在《文明及其不滿》中提到，可以將個體心理學的意義擴展到社會情境，個體心理學可說從一開始就是社會心理學[69]。個人的潛意識就是社會的鏡子。

討論人類本性這個問題本身，離不開人與人之間的關係。根據歌德的看法，個人的獨特性來自於所處的關係。主張人類文明本身建立於同理和溝通的思想家傑瑞米・里夫金（Jeremy Rifkin），指出人是社會性存在，周圍特定的關係和相遇構建了生活，塑造個人的獨特性[70]。考慮到社會關係塑造我們，以及我們的本性不斷在改

---

69 參考西格蒙德・佛洛伊德（Sigmund Freud），〈群體心理學和自我的分析〉（*Massenpychologie und Ich-Analyse*），《文明及其不滿》（*Civilization and its Discontents*）。

70 參考傑瑞米・里夫金（Jeremy Rifkin），《移情的時代》（*The Empathic Civilization*）。里夫金在書中指出，從出生到死亡，關係都是生存的核心，我們在關係中受孕出生，之後開始各種關係，終其一生都在關係中度過。

變，可以得出結論：創建能夠進行正面互動的社會，才是完成真正治癒的力量。接下來討論藉由關係來創建治癒環境的幾個原則。

同理或移情、無條件要求一致，有時會產生負面結果。美國歷史上有一件瘋狂的獵殺女巫惡例。一六九二年，美國麻薩諸塞州一個名為「塞勒姆（Salem）」的小村莊所發生的「塞勒姆女巫審判」，顯示移情的危險[71]。向來是清教徒定居的塞勒姆，一直以傳統方式過著與世隔絕的生活。當時村裡有幾名少女讀了年輕牧師科頓．馬瑟（Cotton Mather）所寫的《未知世界的困惑》（*The Wonders of the Invisible World*）一書，讀了之後對女巫的恐懼增加，因此展開悲劇。有一天，村裡的兩名少女突然舉止怪異，並且遭受不明原因的痛苦。在醫師找不到病因，診斷她們被巫術附身後，這些少女隨之指認鄰居女性是女巫，引發瘋狂的獵巫行動。其他遭受類似痛苦症狀的少女接連指認女巫，導致一百四十多人被指控是女巫，十九人以絞刑處死，五人在獄中死亡，一人因拒絕審判而被壓死的悲劇。事件發生在理性時代剛開始的十七世紀，因此更加令人難以置信。後來美國政府介入，才結束這場獵殺女巫事件，但村莊已然荒蕪，只留下深刻的傷害。麻薩諸塞州的「女巫審判博物館（Salem Witch Museum）」是那個瘋狂時期的見證。

為什麼會發生這樣的事件？雖然有多種原因，但可以推測清教徒的理念、家族主義的同質性與傳統結合，形成只有自己人的封閉氛圍，這種氛圍促使村民之間產生幾近歇斯底里的仿同和移情，少女的痛苦和恐懼輕易在村民間擴散。佛洛伊德將群體成員之間情感的結合、擁有相同的信念，並且相互影響的現象稱之為「仿同作用」（identification，或稱認同作用）。佛洛伊德以一名少女收到分手信後癲癇發作，周圍的朋友目睹後受到心理感染，來說明歇斯底里的仿同[72]。發生在塞勒姆的事件

71 塞勒姆女巫審判參考以下論文，梁正浩，〈從一六九二年塞勒姆女巫審判看十七世紀新英格蘭的宗教文化〉，二〇一五。

和這個現象類似。

健康的共同體關係和這種過度投入的仿同不一樣。彼此感受到同質性並且共有類似的情感是好事，但是如果在不同群體間形成差異，就有可能成為難以化解的衝突和仇恨來源。韓國重視情感和團體的共同體文化，是地域主義、陣營衝突和排他態度的源頭。建立於信任和尊重的共同體關係，比盲目地強調團結更重要，基本原則應該是確保個體性，同時尊重並認可他者。連帶關係和尊重不是無條件的愛，反而更接近於冷靜沉著，因為基於同質性或情緒共鳴的愛，最後必然導致偏好自己人的幫派文化。鄉村居民和鄰居建立家人般的關係雖然看起來溫馨，但是可能排斥外人，而且一旦內部產生衝突，就會發展成塞勒姆獵巫那樣無法控制的暴力。

在柏拉圖（Plato）的《饗宴》（*Symposium*）中阿里斯托芬提到的雌雄同體神話，有很多深刻的啟示。神話中的原始人類是兩個身體合為一體的雙性人，有四隻手、四隻腳，圓圓的脖子上有兩張背對的臉，向上連著一個腦袋，想要快速移動時，腳就要以圓輪般旋轉。人類後來變得驕傲，宙斯將人類一分為二，從此人類便開始尋找失去的另一半，柏拉圖稱之為愛欲的本性。所謂的愛是尋找自己的另一半，重新合為一個完整體。《創世紀》（*Genesis*）中有類似的描述：「人要離開父母，與妻子連合，二人成為一體。」（2：24）

愛欲不是對他者的愛，而是填補自己的缺失，是一種自私的欲望，和他者連合以成為更完整的存在。這雖然可以視為不過是自私地以自我為中心的情感擴散，但卻可能產生壓迫他者、將他者視為自己的補充物。齊克果曾在類似的脈絡下批評愛欲，他認為那些兩情相悅的愛，或者聲稱愛他者勝過自己的愛，都只是自我陶醉，事實上可說是自戀。愛欲式的愛不是永恆，只是「無限所創造的美麗暈眩」[73]。

---

72 參考西格蒙德．佛洛伊德（Sigmund Freud），〈群體心理學和自我的分析〉（*Massenpychologie und Ich-Analyse*），《文明及其不滿》（*Civilization and its Discontents*），頁一一八～一一九。

為了和他人真正的共存，比起建立依附，更應該承認他者的獨立性並無條件地尊重。情感豐富且友好的韓國人，在關係中經常展現愛欲共同體的模樣。在愛欲共同體中，個人為了共善而犧牲被視為理所當然，稍微違反共同體標準或價值，或者持有不同的意見就可能遭受暴力。在這樣的社會之中，個人的幸福和心理健康得不到保障。

韓國在一九九七年外匯危機和二〇〇八年全球金融危機之後，新自由主義的生活方式逐漸被接受，我們的社會迅速轉向個人主義的社會，各謀生路和競爭被視為理所當然。這麼一來，焦慮也同時擴散，孤獨和隔絕的感受更為強烈。然而，我們不能因此就主張無條件地恢復過去的共同體形態。正如法國哲學家阿蘭·巴迪歐（Alain Badiou）所強調的，我們需要一個新的共同體模式，適切結合個體性和普遍性，並且能夠實踐愛。

朝向連帶和合作的共同體關係

為了創造個體能夠幸福生活的社會環境，原則雖然重要，也必須考慮能夠實現的具體制度和方案。柄谷行人（Karatani Kojin）透過人與社會的交換邏輯論述，提出「互助團體（association）」這個新的交換模式，以克服資本主義商品交換的弊端。馬克思從擁有生產手段的階級觀點，即主人和奴隸的鬥爭辯證，來解釋人類歷

73 索倫・齊克果（Søren Kierkegaard），《愛的歷史》（英譯：*Works of Love*），頁三十九。

史；柄谷則藉由說明原始共產制（互惠式交換）→中世紀封建制（掠奪和再分配）→現代資本主義（商品交換）的交換形式變化，尋找可以克服資本主義必然導致的不平等和不自由的社會實踐方案。互助團體旨在恢復過去的互惠交換，但目標是世界共和國，超越資本、國家、民族等共同體的資本主義市場秩序，具體內容是消費者（生產者）協同組合的形態。

柄谷的共同體構成奠基於經濟秩序，同時探索心理上的共同體模式，透過合作關係中正面的互動來促進治療。美國近年來有許多「共同居住（cohousing）」模式，這不單純是理念相投的人聚居的共同體，而是從一開始就將居住空間設計成可以共同居住和交流，一起生活的形式。每個人有各自的家，但居住成員共享庭院、大餐廳、遊戲室等公共空間，每週一起用餐三至四次，和鄰居交流，同時保持適當距離，藉由健康的互動來克服疏離和寂寞，是一種新形式的運動。這可以說是一種共同居住運動，不單純只是鄰居，而是擁有緊密關係，卻同時尊重他者並保障個人的獨立性。

最近，透過相互援助和支持而進行集體治療的「自助團體（self-helping group）」運動也非常活躍。自助團體是有相同問題的人分享彼此的經驗，給予情感共鳴，從而集體獲得心理治療效果的聚會。聚會的目的不只是治療，更強調透過相互幫助，讓參與者找回自尊和生活價值，成為自己就能夠改變狀況的主動性主體。在美國，據說各種形式的自助團體正在增加[74]。

互助團體、共同居住、自助團體的實踐，並非提倡無條件跟隨與制度化，而是指出現在需要透過可以相互給予力量、形成各種連帶的社會網路，努力創建治療的共同體。COVID-19讓我們深切感受到，保護社會弱者、給予經濟援助的公共福利和連帶的重要性。然而，快速的數位轉型改變了社會結構，在以競爭和追求財富為

---

74 參考前述傑瑞米・里夫金（Jeremy Rifkin）的著作，頁五二一～五二二。

目標的生活中，人們走向精疲力竭的社會，被各謀生路的欲望驅使下，不斷地自我剝削。現在是時候暫停腳步、反思自己，摸索可以共生的共同體替代方案。能夠進行正面互動的共同體關係，才是治癒的最佳方案。如何將這種關係具體化的思考和過程本身，是共同體關係的起始點。

焦慮是毒也是藥

希臘語中的「藥毒（pharmakon）」有相反意義，既是解藥也是毒藥。在《費德魯斯篇》（*Phaedrus*）中期對話篇中，蘇格拉底（Socrates）和費德魯斯在河邊討論愛和辯證，柏拉圖將寫作比喻為藥毒。他認為寫作讓我們不至於遺忘，讓記憶永存，同時也能夠扭曲原本的意義，具有解藥和毒藥的雙重性。

焦慮和藥毒扮演著類似的角色。焦慮是損害靈魂的致命毒藥，處理不好甚至可能導致死亡。然而，如果能夠善用焦慮，就得以淨化靈魂，提供新的視野，成為讓自我變得健康的治療劑，因為焦慮是對未來發出警告的先知，是讓我們對危機做預備的訓練官，提供成功推動力的激發者，保護安全的監視者，引領我們超越生活限制的開創者[75]。這裡所要傳達的訊息是，不要只是負面地看待焦慮並試圖避開，應該積極擁抱，當作幸福的泉源，然後享有與之相關的欲望。

本書強調不要被焦慮所左右，而是積極利用焦慮所擁有的能量，成為欲望的主人，因為焦慮就像圍繞著我們的空氣，是喚起欲望的力量。就像在摔跤中利用對手的技術，以反作用力進行攻擊，不要被症狀所左右，應該反過來利用。拉岡肯定症狀，指出：「潛意識支配主體，而症狀是每一個主體享受潛意識的方式。」[76]肯定

75 參考提姆・洛瑪斯（Tim Lomas），《負面情緒的力量》（*The Positive Power of Negative Emotions*），頁六十三～八十八。上述五種功能是洛馬斯所命名。

症狀並從中發掘主體化的可能性，是精神醫學和其他精神分析治療最大的區別。而筆者則要強調焦慮如同指南針，可以幫助我們在和他者或自己的欲望之間建立適當的關係。

雖然有受到COVID-19造成的困境所影響，但身為世界第十大經濟體的韓國，人民的生活並不符合先進大國的指標，飽受各種形態的焦慮和痛苦。儘管和以前相比，生活品質提高、文化水準和政治自由也大為增加，但人們的幸福感卻沒有相應提升。外表看起來無可挑剔，但生活滿意度在ＯＥＣＤ會員國中排名在最低層，自殺率和社會衝突指數也居高不下。對不確定的未來感到恐懼，不結婚、不生育的情況越來越多，人口斷崖的危機非常嚴重。然而，這並不是因為韓國人特別悲觀或者不夠渴望幸福人生。事實上，這些都是因為韓國人過度將幸福、成功、富裕當成生活目標，生活在無止盡地鼓勵自我提升的疲勞社會所造成的現象。

在這樣的社會中，焦慮是一個送信者，促使我們省思當前模樣並做更新。想要有健康的心理，不是無條件地愛自己並建立自尊，必須如實理解我的獨特欲望和情動。讓我們擺脫必須要快樂、必須要完美的強迫式幸福主義觀念。成就主義通常導致無法建立我和自我的健康關係，反而是剝削和破壞的錯誤關係。韓炳哲在《倦怠社會》中提到，「燃燒殆盡（burnout）」常常導致憂鬱症，原因可說是過度的自我執念。過度的執念會因為過於緊張和超載，產生自我破壞的特質[77]。在沒有休息和閒暇的生活中，我們的社會正從倦怠社會走向破壞社會。

現在靜下心來回顧我們的人生。從幼兒園到大學，甚至出社會之後，我們不斷

---

76 Lacan, J., Le Séminaire Ⅷ, Le transfert, p. 150.

77 參考韓炳哲，《倦怠社會》（英譯：*The Burnout Society*）。韓炳哲在書中提到，功績主體並不預設與他者存在衝突關係，而憂鬱症根本就不預設存在人際層面。然而，由於主體的結構和本性早就預設了他者的屬性和關係，因此憂鬱症必然與他者有關。憂鬱症可以說是源自超我的壓迫，將他者的欲望強加在自己身上，如同自己的內在需求。

地被灌輸理想的價值和生活目標，並且為了達到這些目標持續奮力奔跑。我們為了看起來幸福而努力，而不是真正感到幸福。我們應該擺脫這種生活方式，找回被功績成就社會所壓抑、我獨特的存在和純粹的欲望。實現自我獨特性的方法有很多，每天自我觀察和反思，利用寫作和自己對話也是一種好方法。不需要遠行或尋求重大的改變，有時候只要放下我們離不開的各種電子媒體，像獨自在山裡那樣，發呆享受悠閒片刻也很好。欲望不是宏偉的事物，而是對存在的渴望，也是生命的意志。所有的反思、暫停、對話和探索等，都是為了找出我的欲望，過程本身就是治療。這種治療的核心是我和我的關係、我和他者的關係，以及我和世界的關係。我們的生活和看不見的社會羅網緊密相連，逐漸加深的焦慮是無意識發出的訊息，示警我們審視被羅網所壓制的自我。

為了尋找欲望而獨立

正如笛卡兒為了發現真理而懷疑一切，刻意將自己置於孤獨中並探索自我是很好的出發點。孤獨不是寂寞，而是能夠獲得發現自己和思考力量的寶貴經驗。作家約阿希姆．林格納茲（Joachim Ringelnatz）曾經說：「孤獨是通往思考地窖的階梯」[78]；藉由刻意的孤獨，我們將會發現自己。和自我的關係是所有其他關係的起點，偶爾拉開距離，對自己忠實，擁有專注在自己身上的時間會能帶來幫助。接著，需要重新建立和世界的關係。

在這樣的意義上，我想引用佛教經典《蘇塔尼帕塔》（*Sutta Nipāta*）[79]的句子來

---

78 約阿希姆．林格納茲（Joachim Ringelnatz），《幸福的屋頂修理工》（*Die wilde Miss vom Ohio*），頁六十四。

79 《蘇塔尼帕塔》（*Sutta Nipāta*）意為「經集」，是收集了多部經典（經）的書籍（集）。

結束這篇文章。經文中的「如犀牛角獨行」意指不要沉溺於誘惑我們的華麗事物，應該擁有獨自追求真理並且提升自我的時間。我們必須擺脫可見或不可見的，隱密地迫使我們處於各種從屬的他者欲望，才能找回自己，這最終會引向成為欲望主人的道路。

獨自行走，勿懈怠，
勿因責備和讚美而動搖，
如獅子不受聲音驚嚇，
如風不受網子所困，
如蓮花出汙泥而不染，
如犀牛角獨自前行。

欲望和執著，煩惱和愛戀，
拋開所有的一切，
尋找解脫的真理，
如犀牛角獨自前行。

放下貪婪、憎恨與迷茫，
切斷一切羈絆，
即使喪命亦不畏懼，
如犀牛角獨自前行。

參考文獻

※人名、著作、文章名稱皆為暫譯

韓國論文

권준수 외（權俊秀等），〈2006한국인의 불안：불안 리서치 결과 보고（二〇〇六年韓國人的焦慮：焦慮研究結果報告）〉，《Anxiety and Mood》Vol. 2 No. 2，頁一一五～一二一，二〇〇六。

김남희 외（金南熙等），〈빈곤 노인의 죽음불안，건강상태，가족응집성과문제음주의 관계：우울의 매개효과를 중심으로（貧困老人的死亡焦慮、健康狀態、家庭凝聚性與飲酒問題的關係：憂鬱的中介效果）〉，《알코올과건강행동학회（酒精與健康行動學會）》，第十七卷第二期，頁十五～三十三，二〇一六。

박용천（朴容天），〈정신분석적 관점에서의 불안（精神分析視角的焦慮）〉，《Anxiety and Mood》Vol. 1 No. 1，頁十四～十七，二〇〇五。

송정민 외（宋正敏等），〈일차 진료에서의 범불안장애의 진단과 치료（基層醫療中廣泛性焦慮症的診斷與治療）〉，《가정의학회지（家庭醫學會誌）》Vol. 26，頁五一七～五二八，二〇〇五。

양정호（梁正浩），〈1692년 세일럼 마녀재판을 통해서 본 17세기 뉴잉글랜드의 종교문화（從一六九二年塞勒姆女巫審判看十七世紀新英格蘭的宗教文化）〉，《젠더와 문화（性別與文化）》，第八卷第二期，頁七～三十一，二〇一五。

이수진（李素珍），〈프로이트와 라캉，불안의 개념화와 정신분석실천 함의：불안，행위（로）의 이행 너머 환상의 횡단으로（佛洛伊德與拉岡，焦慮的概念化與精神分析實踐涵義：將焦慮轉化為行動，橫跨幻想）〉，《현대정신분석（現代精神分析）》第二十三卷第二期，頁九～四十六，二〇二一。

이준엽 외（李俊燁等），〈불안 및 우울 장애에 있어서 불확실성에 대한 불내성의 역할（耐受性在焦慮及憂鬱症中對不確定性的影響）」，《Anxiety and Mood》Vol. 9 No. 1，頁三～九，二〇一三。

임윤서（林允書），〈대학생의 시선을 통해 본 청년 세대의 불안경험（從大學生視角看青年世代的焦慮經驗）〉，《민주주의와 인권（民主主義與人權）》第十八卷第一期，The May 18 Institute CNU，頁一〇五～一五二，二〇一八。

홍영오 외（洪永五等），〈한국 사회의 사회적 불안에 관한 연구（韓國社會的社會性焦慮研究）〉，《한국심리학회지：사회문제（韓國心理學會誌：社會問題）》Vol. 12, No. 1，頁一二九～一六〇，二〇〇六。

韓國出版書籍

김춘경（金春京），《상담학 사전（諮商學辭典）》一～五卷，HAKJISA，二〇一六。

김태형（金泰亨），《심리학자，정조의 마음을 분석하다（心理學者，分析正祖的心）》，歷史之晨，二〇〇九。

丹尼爾．沙克特（Daniel L. Schacter）等人，《心理學概論》（*Psychology*），閔京煥等譯，SigmaPress，二〇一三。

丹尼爾．內特爾（Daniel Nettle），《性格的誕生》（*Personality: What Makes You the Way You Are*），金尚宇譯，WISEBOOK，二〇一九。

丹尼爾．基廷（Daniel P. Keating），《比別人更焦慮的人們》（*Born Anxious*），prunsoop，二〇一八。

大衛・邁爾斯（David G. Myers），《麥爾斯的心理學探究》（*Exploring Psychology*），閔允基等譯，SigmaPress，二〇一一。

大衛・巴斯（David Buss），《心靈的起源》（*Evolutionary Psychology*），李興標等譯，NaNoMedia，二〇〇五。

迪克・斯瓦伯（Dick Swaab），《我即我腦》（*We Are Our Brains*），申順林譯，The Open Books，二〇一五。

狄倫・伊凡斯（Dylan Evans），《拉岡精神分析辭彙》（*An Introductory Dictionary of Lacanian Psychoanalysis*），金鐘朱譯，Ingan Sarang，一九九八。

雷納塔・莎拉塞（Renata Salecl），《焦慮》（*On Anxieties*），朴光浩譯，humanitas book，二〇一五。

勒內・吉拉爾（René Girard），《醜聞隨之而來》（*Celui par qui le scandale arrive*），金振植譯，Moonji Publishing，二〇〇七。

勒內・吉拉爾（René Girard），《我看見撒旦如閃電般降落》（*I See Satan Fall Like Lightning*），金振植譯，Moonji Publishing，二〇〇四。

理查・道金斯（Richard Dawkins），《上帝錯覺》（*The God Delusion*），李韓應譯，Gimm-Young Publishers，二〇〇七。

馬庫斯・加布里爾（Markus Gabriel），《我非我腦》（*I Am Not a Brain*），鄭大浩譯，The Open Books，二〇一八。

美國精神分析學會，《精神分析用語辭典》（*Psychoanalytic Terms and Concepts*），李在勳譯，韓國心理治療研究所，二〇〇二。

美國精神醫學協會（APA），《DSM－5精神疾病診斷與統計手冊》，權俊秀譯，HAKJISA，二〇一五。

維克多・法蘭克（Viktor Emil Frankl），《維克多・法蘭克心理的發現》（*Psychotherapie für den Alltag*），姜允英譯，chungabook，二〇一七。

索倫・齊克果（Søren Kierkegaard），《愛的歷史》（英譯：*Works of Love*），林春甲譯，Chiwoo Publishing，二〇一一。

索倫・齊克果（Søren Kierkegaard），《焦慮的概念／致死之病》（*Bergrebet angest/Sygdommen til døden*），姜勝為譯，Dongsuh Publishers，二〇〇七。

蘇・艾金森（Sue Atkinson），《憂鬱的心理學》（*Climbing Out of Depression*），金尚文譯，SJ SOUL，二〇一〇。

阿納・葛農（Arne Grøn），《與焦慮共處》（英譯：*The Concept of Anxiety in Søren Kierkegaard*），河先圭譯，bbooks，二〇一六。

艾倫・狄波頓（Alain de Botton），《我愛身分地位》（*Status Anxiety*），鄭英木譯，EunHaengNaMu Publishing，二〇一一。

艾倫・法蘭西斯（Allen Frances），《救救正常人》（*Saving Normal*），金明南譯，SCIENCE BOOKS，二〇一四。

艾倫・霍維茲（Allan Horwitz），《不安的時代》（*Anxiety: A Short History*），李殷譯，JoongangBooks，二〇一三。

愛德華・蕭特（Edward Shorter），《精神醫學的歷史》（*A History of Psychiatry*），崔寶文譯，badabooks，二〇二〇。

約阿希姆・林格納茲（Joachim Ringelnatz），《幸福的屋頂修理工》（*Die wilde Miss vom Ohio*），金在赫譯，Haneul-yeongmot，二〇〇五。

韋恩・魏頓（Wayne Weiten）、瑪格莉特・勞艾德（Margaret A. Lloyd），《生活與心理學》（*Psychology Applied to Modern Life*），金正熙等譯，SigmaPress，二〇〇六。

威廉・莎士比亞（William Shakespeare），〈哈姆雷特（*Hamlet*）〉，《莎士比亞四大悲劇》，莎士比亞研究會譯，美好日子出版，二〇〇五。

雅克・拉岡（Jacques Lacan），《欲望理論》，權澤英譯，moonyebooks，一九九四。

雅克・拉岡（Jacques Lacan），《講堂11：精神分析的四個基本概念》，明正賢、李洙連譯，Saemulgyul，二〇〇八。

傑拉德・柯瑞（Gerald Corey），《諮商與心理治療：理論與實務》（*Theory and Practice*

of Counseling and Psychotherapy），千聖文譯，Cengage Learning，二〇一七。

傑瑞米・里夫金（Jeremy Rifkin），《移情的時代》（*The Empathic Civilization*），李景南譯，民音社，二〇一〇。

喬治・康吉萊姆（Georges Canguilhem），《正常與病理》（*Le normal et le pathologique*），呂仁碩譯，greenbee，二〇一八。

西格蒙德・佛洛伊德（Sigmund Freud），《精神分析學的基本概念》（*Sigmund Freud Gesammelte Werke*），尹熙基、朴贊扶譯，The Open Books，二〇二〇。

西格蒙德・佛洛伊德（Sigmund Freud），〈群體心理學和自我的分析〉（Massenpychologie und Ich-Analyse），《文明及其不滿》（*Civilization and its Discontents*），金碩希譯，The Open Books，二〇〇四。

西格蒙德・佛洛伊德（Sigmund Freud），〈壓抑、症狀、焦慮〉，《焦慮與壓抑》，黃寶碩譯，The Open Books，二〇〇四。

西格蒙德・佛洛伊德（Sigmund Freud），《有止盡與無止盡的分析》（*Die endliche und die unendliche Analyse*），李德夏譯，bbooks，二〇〇四。

卡倫・荷妮（Karen Herney），《我們時代的精神官能症》（*The Neurotic Personality of Our Time*），鄭明振譯，Boogle Books，二〇一五。

克里斯多夫・連恩（Christopher Lane），《製造出來的憂鬱症》（*Shyness: How Normal Behavior Became a Sickness*），李文希譯，Hankyoreh Publishing，二〇〇九。

提姆・洛瑪斯（Tim Lomas），《負面情緒的力量》（*The Positive Power of Negative Emotions*），金雅英譯，CHAEKSESANG，二〇二〇。

保羅・維海格（Paul Verhaeghe），《我們如何變成怪物》（*What about Me?: The Struggle for Identity in a Market-Based Society*），姜海京譯，Banbi，二〇一五。

保羅・維海格（Paul Verhaeghe），《我們為什麼無法成為大人》（*Autoriteit*），李勝玉等譯，Banbi，二〇二〇。

法蘭克・貝拉迪（Franco Bifo Berardi），《英雄：大屠殺、自殺與現代人精神困境》（*Heroes: Mass Murder and Suicide*），宋島星譯，Banbi，二〇一六。

하지현（夏志賢），《정신의학의 탄생（精神醫學的誕生）》，HAINAI，二〇一六。

한병철（韓炳哲），《倦怠社會》（英譯：*The Burnout Society*），Moonji Publishing，二〇一二。

혜경궁 홍씨（惠慶宮洪氏），《한중록（閒中錄）》，申東雲譯，STAR BOOKS，二〇二〇。

其他國家論文與圖書

Deacon, Brett J., The biomedical model of mental disorder: A critical analysis of its validity, utility, and effects on psychotherapy research, *Clinical Psychology Review*, 33(7), 2013.

Freud, S. Inhibitions, Symptoms and Anxiety, *SE*, Vol. 20, Strachey Ed & Trans, London: Vintage Books, 1959.

Kierkegaard, Sören, *The Concept of Anxiety: A simple Psychologically orienting Deliberation on the dogmatic Issue of hereditary Sin*, United Kingdom: Princeton University Press, 1980.

Kierkegaard, Sören, *The Sickness Unto Death*, Princeton University Press, 1983.

Lacan, J., *Le Séminaire II, Le moi dans la théorie de Freud et dans la technique de la psychanalyse*, Paris: Seuil, 1978.

Lacan, J. *Le Séminaire VII, Le transfert*, Paris: Seuil, 1991.

Lacan, J. *Le Séminaire X, L'angoisse*, Paris: Seuil, 2004.

Lacan, J. *Le Séminaire XI, Le Séminaire XII, Les quatre concepts fondamentaux de la psychanalyse*, Paris: Seuil, 1973.

Shorter, E., *From Paralysis to Fatigue: A History of Psychosomatic Illness in the Mordern Era*, New York: Free Press, 1992.

國家圖書館出版品預行編目（CIP）資料

傾聽焦慮的聲音：解除超載的欲望與執著，正視自我情緒的6堂課 / 金石著；謝麗玲譯. -- 初版. -- 臺北市：臺灣東販股份有限公司，2024.11
208面；14.7×21公分
譯自：불안 : 존재의 목소리
ISBN 978-626-379-604-1（平裝）

1.CST: 焦慮 2.CST: 情緒管理 3.CST: 心理治療

176.527　　113014489

傾聽焦慮的聲音

解除超載的欲望與執著，正視自我情緒的6堂課

2024年11月1日初版第一刷發行

著　　者　金石
譯　　者　謝麗玲
特約編輯　曾羽辰
美術設計　黃瀞瑢
發 行 人　若森稔雄
發 行 所　台灣東販股份有限公司
＜地址＞台北市南京東路4段130號2F-1
＜電話＞（02）2577-8878
＜傳真＞（02）2577-8896
＜網址＞https://www.tohan.com.tw
郵撥帳號　1405049-4
法律顧問　蕭雄淋律師
總 經 銷　聯合發行股份有限公司
＜電話＞（02）2917-8022